Du même auteur, aux éditions Leduc.s

*100 réflexes jeune maman*, 2010.
*100 réflexes allaitement*, 2008.

Retrouvez nos prochaines parutions, les ouvrages du catalogue et les événements à ne pas rater. Votre avis nous intéresse : dialoguez avec nos auteurs et nos éditeurs. Tout cela et plus encore sur Internet à :

**http://blog.editionsleduc.com**

Dessins : © Pacco
Maquette : Caroline Gioux


17, rue du Regard
75006 Paris – France
E-mail : info@editionsleduc.com
ISBN : 978-2-84899-408-6

MÉLANIE SCHMIDT-ULMANN

# COMMENT RESTER AMANTS QUAND ON DEVIENT PARENTS

LEDUC.S ÉDITIONS

*Je tiens à remercier toutes les futures et nouvelles mamans et les futurs et nouveaux papas qui ont accepté de témoigner.*

*Mais, j'aimerais remercier encore plus particulièrement : Iris, Laure, Élisabeth, Sylvie, Sophie (qui se reconnaîtront même si certaines m'ont demandé d'utiliser un pseudo) et leurs maris ou compagnons qui ont accepté de livrer sans tabou beaucoup de leur intimité « de grossesse ». Et tout cela pour aider toutes les futures mamans qui vont découvrir ce livre.*

*Merci !*

# SOMMAIRE

# INTRODUCTION

À peine enceinte, vous avez envie de tout préparer pour être une future maman au top : vous faites le plein de vitamines, vous équilibrez vos menus, vous changez votre garde-robe, vous vous inscrivez aux cours de préparation à l'accouchement, vous installez la chambre de votre bébé… Et pour vous aider à devenir cette mère (presque!) parfaite, vous avez certainement déjà acheté de nombreux livres. Il ne vous manque plus que celui-ci : *Comment rester amants quand on devient parents* !

Avant de savoir que vous étiez enceinte, il y avait une femme… et un homme. Et ce livre va vous aider, pendant et après votre grossesse, à ne pas oublier la femme en vous (ni l'homme qui est en lui)… même si le fait de devenir mère chamboule tout.

Pourtant, vous êtes toujours la même et vous pourriez même ressembler à Angelina Jolie, enceinte et femme à… 200 %. Ou à une des actrices qui font la Une des magazines avec leur joli ventre rond tout en restant toujours aussi charmantes et désirables. Oui, vous pouvez rester la meilleure « vous » possible et faire votre entrée dans le club des « mamans sexy ».

Mon idée, en tant que doula qui accompagne de nombreuses femmes pendant la grossesse et à l'arrivée de Bébé, est de faire comprendre que cette notion de « maman sexy » n'est pas un sujet annexe de la maternité, qu'il faudrait ranger pour neuf mois.

Aux États-Unis, un club de « *Hot mamas* » a vu le jour en 2005, avant de devenir un courant plus large chez les femmes enceintes et les jeunes mamans. J'ai essayé de vous en transmettre l'esprit dans le but de vous aider à rester intimement connectés dans votre couple et toujours amants, tout en passant de deux à trois en quelques mois !

Voici quelques recettes pour comprendre comment bien lire ce livre, et savoir ce que vous allez y trouver.

Dans la première partie, Devenir maman et rester femme vous allez vous approprier le concept de « maman sexy » et connaîtrez les clés pour vivre une grossesse épanouie en restant séduisante et amoureuse. Comment faire pour que votre grossesse devienne l'un des moments les plus sensuels de votre vie ? Comment rester amants et connectés… sexuellement ? Comment adapter votre sexualité à la grossesse ? Comment rester des futurs parents-amants ? Et tout cela bien sûr, sans perdre de vue l'objectif bébé !

Les trois parties suivantes seront consacrées à chaque trimestre de la grossesse. Au programme : des témoignages, des tests pour toujours rester connectés, et surtout un « Guide pratique » avec une foule d'idées à essayer, comme le Kama-sutra de la grossesse, le shopping sexy, les bonnes adresses, des recettes sympas adaptées à chaque moment de votre grossesse.

Enfin, une cinquième partie, sur le même modèle que les précédentes, est consacrée au sexe après l'arrivée de Bébé !

Alors, prêts à devenir parents en restant amants ?

Vous trouverez au fil des pages de nombreux témoignages de futures mamans, futurs papas, de « déjà parents » et aussi des avis d'experts : sexologue, prof de yoga… L'objectif ? Vous accompagner et vous apporter mes idées de doula mais aussi vous transmettre les conseils des autres (futures) mamans qui vivent la même expérience que vous ou qui sont déjà passées par là !

À vous de tester et de trouver ce qui vous correspond le mieux. Vous restez, même enceinte, l'experte de votre corps comme vous serez l'experte de votre bébé !

PARTIE I

# DEVENIR MAMAN
# ET RESTER FEMME : LA MÉTHODE

Ah, devenir mère, quelle aventure ! Un tourbillon de joie, d'espoir, d'amour tout simplement… Mais également un parcours semé d'incertitude et d'appréhension. Et tout ça à deux : vous étiez amants, vous devenez parents.

Oui, à deux… Dans les premières semaines de la grossesse, certaines pourraient presque l'oublier. C'est vous qui voyez votre corps se transformer, c'est en vous que pousse ce petit être, c'est vous qui subissez la fameuse montagne russe hormonale.

Mais c'est à deux que vous deviendrez parents et la période du début de grossesse aura une énorme importance sur l'avenir de votre couple. Or, vous en conviendrez, le ciment de votre couple, c'est la sexualité.

Les femmes ont besoin de ressentir une intimité émotionnelle pour jouir pleinement de la relation sexuelle. Pour les hommes, en général, c'est plutôt la relation sexuelle qui renforce leur intimité amoureuse. La baisse de la libido, qui n'est ni rare ni anormale pendant la grossesse, peut donc conduire l'homme à prendre un peu de distance, et cette attitude fera à son tour baisser encore le désir chez la femme. Bref, c'est un cercle vicieux à éviter absolument. Devenir parent est un événement merveilleux, et qui ne devrait JAMAIS se traduire par un affaiblissement du couple. Les recettes sont simples pour éviter les écueils : savoir ce qui se passe dans votre corps (ah, ces hormones qui font rire et pleurer !), et surtout parler, parler, parler. Savoir se dire l'un à l'autre ce que l'on ressent, avec tact et confiance, dans la tendresse et le respect. Savoir se mettre à la place de l'autre. Et rester intimement connectés, que l'on fasse l'amour un peu, sans arrêt ou pas du tout pendant cette période.

La grossesse et les premiers mois qui suivent la naissance sont une période pleine de pièges pour l'intimité sensuelle et sexuelle de votre couple. Avec de la bonne volonté et de la communication, aucun de ces pièges ne doit vous empêcher de vous aimer encore plus. Et des parents qui s'aiment, c'est précieux pour un bébé !

Jouissez à deux – dans tous les sens du terme – de cette « parenthèse enchantée » dans vos vies. Et sachez que grâce aux hormones, cette période réserve à certaines chanceuses les plus beaux orgasmes de leur vie.

Voici LA méthode pour devenir et rester une « maman sexy » et conserver une libido qui vous ressemble !

Avant de vous lancer dans la lecture de chaque chapitre consacré à la sexualité selon le moment de votre grossesse, prenez le temps de bien comprendre la méthode inspirée du courant américain des « *Hot mamas* » (adaptée pour en faire une recette 100 % française ; nous ne sommes pas les détenteurs du *french kiss* pour rien, non ?).

Voici donc ma traduction personnelle du courant des « *Hot mamas* » américaines : « Mamans sexy ».

Vous allez avoir les clés pour vivre une maternité épanouie sur tous les plans : future maman en forme, ayant du plaisir et qui, en sécrétant les endorphines, va aussi donner du bien-être à son futur bébé. « Vous n'êtes pas la meilleure mère possible si vous n'êtes pas la meilleure VOUS possible. » (Définition donnée par le club des *Hot mamas*.)

Il n'y a aucune raison de séparer la femme que vous êtes et la mère que vous êtes en train de devenir ou que vous êtes depuis quelques jours, quelques mois ou quelques années !

Mon idée en tant que doula est que nous voulons toutes rester la même en devenant aussi une mère comblée et épanouie… et non pas se transformer, pour le coup, en mama, mais en femme confiante en ses capacités de mère et d'amante.

Pour cela, il ne faut pas faire de la sexualité un sujet superflu de votre grossesse, ni un sujet tabou que vous ne voulez pas aborder.

**PETITE ÉQUATION À RÉSOUDRE**

Être épanouie pendant la grossesse + rester une femme sexy + être une amante + avoir un amant parfait + assurer quand Bébé est là = rester MOI !

# Je savoure l'expérience de ma grossesse

La grossesse n'est qu'une période dans la vie d'un couple. On passe de deux à trois en 9 mois, et dès la conception, cela chamboule tout dans votre intimité.

Vous allez vous découvrir un nouveau corps, de nouvelles émotions, une sensibilité accrue. Profitez-en !

Vous n'avez plus besoin de suivre le dernier régime brûle-graisses, macrobiotique, chronobiologique pour perdre absolument vos 5 kg en trop. Pardonnez ses imperfections à votre corps : il est en train de construire la vie ! Et avoir conscience de sa capacité à donner la vie est un puissant aphrodisiaque (chez les futurs papas aussi !).

Se sentir belle, épanouie a un impact sur votre sexualité : vous allez prendre confiance en vous sexuellement.

# Je passe une grossesse en pleine forme : régime antifatigue !

Je m'alimente bien pour lutter contre la fatigue et les carences. C'est toujours mieux de ne pas être complètement épuisée en commençant les câlins.

Vous serez malgré tout souvent fatiguée… mais vous allez aussi apprendre dans ce livre à transformer la fatigue en élixir du sexe (*rendez-vous au chapitre consacré au premier trimestre*).

Vous devez consommer chaque jour : 2 300 calories.

- **6 portions de céréales** (soit 300 g). Chaque exemple suivant correspond à une portion : 1 bol de céréales au petit déjeuner, 2 tranches de pain de mie, 2 petites pommes de terre, 2 cuillères à soupe de riz cuit, 3 cuillères à soupe de pâtes cuites.
- **5 fruits et légumes**.
- **3 portions de produits laitiers** (30 cl). Exemples : 1 verre de lait, 1 yaourt, 2 cuillères à soupe de cottage cheese, 60 g de fromage, 100 g de fromage blanc (ou substituts enrichis en calcium comme les laits végétaux).
- **2 portions de protéines** (200 g). Une portion correspond à : 2 œufs, 100 g de poisson, viande ou alternatives végétariennes comme les lentilles, pois chiches…

ou 500 ml de lait demi-écrémé, 80 g de gruyère… Les œufs : n'en abusez pas et ne les négligez pas non plus. Ils constituent une excellente source de protéines, riches en vitamines A, B, D et E mais aussi en calcium et en fer. Il est conseillé de ne pas les manger crus, dans une mayonnaise maison par exemple.

- **2 portions de gras essentiels** (20 g). Exemples : huile d'olive, huile de lin.
- **1 portion de sucres simples** (30 g). Exemples : miel, confiture… Consommez de préférence des substituts naturels du sucre blanc, qui provoquent un pic glycémique moins élevé (sucre de coco, sirop d'agave, miel d'acacia, xylitol qui est extrait du bouleau).
- **8 à 10 verres d'eau**.

### Mes conseils de doula

- Préparez-vous des petits encas pour ne pas tomber en hypoglycémie en plein câlin : de jolis quartiers de fruits frais comme des figues, des abricots…
- Faites plutôt 6 petits repas par jour : évitez ce qui est trop gras, trop riche et trop sucré.
- Rappelez-vous de bien laver les fruits et les légumes pour éviter la toxoplasmose, de bien cuire la viande et les œufs, consommer du lait pasteurisé ou UHT, éviter la vitamine A animale (contenue dans les pâtés, dans le foie).

# Je m'occupe de moi et choisis les exercices physiques adaptés

Toutes les activités physiques adaptées à la grossesse et qui vous aident à prendre conscience de votre nouveau corps de femme enceinte vont vous permettre de vous détendre, de prendre confiance en vous en restant à l'écoute de votre corps de façon positive. Ne vous intéressez pas qu'aux nausées, aux jambes lourdes, au mal de dos… faites attention à vos sens.

Comment bien s'occuper de soi et s'adapter à la nouvelle réalité et la nouvelle sexualité qui en découle ? Vous pouvez commencer des séances de yoga prénatal par exemple et préparer votre corps à l'accouchement : soulager les maux de la grossesse, lutter contre les insomnies, aider le passage du bébé le jour de l'accouchement, mais aussi et surtout découvrir comment accroître votre potentiel énergétique et avoir une sexualité épanouie !

Le yoga peut avoir un effet sur votre sexualité pendant la grossesse : la détente que le yoga vous procure va vous redonner confiance en votre corps qui change. À l'écoute de votre corps, vous allez vous sentir plus disponible.

Il ne faut pas forcément « faire quelque chose » mais être dans ce que vous vivez. Pour en savoir plus sur le yoga prénatal, rendez-vous au chapitre consacré au deuxième trimestre de la grossesse !

# Je reste connectée sexuellement (ou du moins, sensuellement) au futur papa

Le futur papa a un rôle très important dans l'accompagnement de votre grossesse. Plus il est impliqué, plus il sera physiquement proche de vous et plus vous resterez connectés sensuellement et sexuellement.

Une fois rassuré sur le fait que son sexe ne fera pas de mal à son futur bébé, une fois qu'il aura découvert votre nouveau corps de femme enceinte, il sera débarrassé de l'appréhension de faire l'amour avec une future maman. Aidez le futur papa à prendre une part active à votre grossesse : emmenez-le à des cours de chant prénatal (**www.chantprenatal.com**), à des séances de massages prénataux (**www.ococoon.fr** et les conseils de Jodie Esposito dans ce livre), ou encore à la découverte de l'haptonomie qui est la science du toucher affectif (**www.haptonomie.org**). Impliquez-le pour qu'il joue son rôle pendant la grossesse puis lors de l'accouchement, qu'il reste attaché à sa femme en comprenant le mieux possible qu'elle est en train de devenir mère, mais qu'elle reste femme et que le couple va doucement trouver sa place dans ce trio en construction.

Vous pouvez aussi tout simplement continuer à être intimes : vous n'avez plus besoin du sexe pour faire un bébé.

# Une question d'attitude… Adopter l'idée d'essayer la sexualité pendant la grossesse

Essayer de rester sexuellement active pendant la grossesse est très important.

Faire l'amour permet au couple de maintenir les liens et vous procure du bien-être. Vous allez sécréter des endorphines qui vont aussi plonger votre bébé dans le bien-être.

Cela ne signifie pas que vous n'allez rien changer à votre sexualité pendant la grossesse, mais vous allez apprendre à l'adapter comme Laure, 35 ans :

> « Il a fallu porter plus d'attention à certaines parties du corps comme la poitrine. D'œufs au plat, mes seins sont devenus généreux et un nouveau terrain de jeux avec une sensibilité très fine. Et suivant mon état de fatigue, de la présence des nausées ou pas, le futur papa a dû se montrer plus patient, plus perspicace et plus inventif ! »

Plus ouverte à la sexualité, vous allez vous sentir plus sûre de vous. Cette assurance va aussi vous aider le jour de l'accouchement. Vous allez être prête à accoucher et non pas seulement à vous faire accoucher !

# Personne ne sait mieux que moi ce qu'il me faut… ni mon envie de sexe (ou pas)

Mais le futur papa peut m'aider à me sentir belle et épanouie.

- Il peut m'aider à redécouvrir mon corps : mes nouvelles formes peuvent être désirables…
- Il faut parler des nouvelles envies ou frustrations pour avancer ensemble sur le chemin de la grossesse. Le futur papa doit faire partie du processus.
- Il faut tout faire pour que le futur papa soit aimant et physiquement présent. On le guide sur ce qu'il peut faire : massages, caresses, écoute.
- Gagner de l'assurance sexuellement va m'aider à prendre confiance dans la force qui me permet de faire ce bébé.
- Le futur papa va me pardonner mes imperfections car « je construis notre bébé ».

# J'apprends à avoir le plus de plaisir possible en tenant compte de l'« horloge de la grossesse »*

Vous allez vous sentir gouvernée par vos hormones. Afin de tirer profit des changements hormonaux pour votre vie sexuelle, il faut connaître leur impact :

- Augmentation de l'hormone chorionique gonadotropique. Plus connue sous les initiales HCG, détectée par les tests de grossesse vendus en pharmacie, elle travaille pour que l'embryon s'implante dans le corps de sa mère. Elle est aussi responsable des nausées et cela devient plus difficile d'avoir envie de faire l'amour pour certaines.
- Augmentation de 20 % de la production sanguine afin d'aider votre corps à travailler plus pour construire votre futur bébé mais cela peut aussi vous faire tourner la tête.

---

* Sur le même modèle que l'« horloge bébé » à adopter à la naissance pour se simplifier la vie : une fois que Bébé est né, on dort quand Bébé dort même en plein après-midi, on le fait manger à la demande (au sein ou au biberon) et on évite de se jeter sur les tâches ménagères si Bébé fait la sieste (pour une fois !). Cela évitera de plonger trop brutalement dans le *baby blues* et de se sentir dépassée.

- D'autres petits maux de la grossesse : comme la tête qui tourne ou le gonflement de toutes les lèvres du corps et la possibilité que l'orgasme arrive plus vite, plus facilement et plusieurs fois lors d'un rapport sexuel. Et parfois même sans aucune stimulation : l'engorgement peut conduire à l'orgasme ! Cela devient un inconvénient pour certaines femmes qui ont sans cesse envie de faire l'amour…
- Quand le placenta va se former, la relaxine va détendre tout votre corps (y compris les muscles du périnée) et vous allez être plus disposée à la sexualité. Cette période qui commence au deuxième trimestre, coïncide pour la plupart des femmes avec la fin des nausées.

# Je reste la même !

L'idée est de continuer à vous sentir normale car la grossesse n'est pas une maladie mais peut être à risques (*voir les contre-indications à la sexualité p. 36*).

Vous faisiez du yoga avant la grossesse : continuez et adaptez-le à votre nouvel état !

Vous aimiez sortir entre amies : continuez et n'oubliez pas de remplacer les cocktails par des cocktails sans alcool.

Vous aimez aller chez le coiffeur pour vous sentir sexy : continuez mais passez aux teintures bio par exemple. De même pour les cosmétiques : passez au naturel !

Vous travaillez ? Continuez ! Cela va vous aider à vous sentir toujours la même, efficace dans votre travail. Cela vous aidera aussi à relativiser tous les chamboulements qui découlent de votre état de femme enceinte. On oublie pour quelque temps la nausée, les jambes lourdes, le gros ventre… et on assure au boulot. C'est bon pour votre confiance en vous et cela va rejaillir sur votre sexualité (eh oui, encore !).

Restez connectée à ce que vous ressentez, à votre corps pour ne pas oublier votre bien-être (qui va rejaillir sur votre bébé).

# J'apprends des mamans qui sont passées par là

Laure, 35 ans, maman d'une famille recomposée : deux enfants d'un précédent mariage, deux enfants du côté de son nouveau conjoint et enceinte de son troisième bébé, proche du terme :

« Il me semble que l'impact de la grossesse sur la sexualité dépend beaucoup des relations établies avant la grossesse. Plus la complicité est grande avant, plus elle s'affirme après : si l'écoute et la tendresse restent présentes, la sexualité a de grandes chances de ne pas être perturbée mais d'évoluer. »

**Sylvie, 32 ans, maman de quatre enfants**

« Le gynécologue m'a déconseillé les rapports à partir du deuxième trimestre pour chacune de mes grossesses mais cela ne m'a jamais empêché de me sentir plus femme que jamais, d'un point de vue psychologique et physique grâce à des formes généreuses. Mon conseil pour la sexualité pendant la grossesse est que, même si la vie de couple doit se modifier un peu, il faut maintenir le lien intime et faire preuve de créativité. »

**Élisabeth, 42 ans, mariée à Marc et maman de trois enfants**

« Nous avons tellement attendu la première grossesse que l'acte sexuel était lié la procréation : calcul de dates, période d'ovulation… Le fait d'être enfin enceinte a libéré notre sexualité pendant chaque grossesse. »

Dans le domaine de la sexualité comme dans les autres domaines, le but de ces échanges entre femmes est toujours l'accompagnement de votre grossesse, le maternage de la future maman grâce à des informations et des idées à partager. On transmet de femme à femme, de mère à mère…

Vous allez découvrir les expériences sexuelles des autres futurs et nouveaux parents et cela va vous aider à découvrir VOTRE sexualité de la grossesse.

À vous de faire le tri selon votre sensibilité et vos envies, mais cela aide beaucoup de voir que d'autres futurs parents ont les mêmes interrogations que vous : comment faire l'amour dans les bonnes positions ? Est-ce que nous allons faire mal à notre futur bébé ? Est-ce normal d'avoir une libido proche de zéro ? Peut-on faire l'amour jusqu'au bout de la grossesse ?

Vous allez avoir des tas de suggestions, parfois contradictoires : à vous de faire vos choix ! Vous allez prendre confiance en vous, en vos capacités de femme, d'amante et de mère !

Et puis, vous apprendrez quelques « trucs de mamans ». Vous êtes l'experte de votre corps mais parfois vous avez besoin de connaître les possibilités qui s'offrent à vous dans votre nouvel état de grossesse. Rappelez-vous aussi cela quand Bébé sera là : vous serez l'experte de votre bébé mais vous aurez besoin aussi de recueillir des idées et d'être maternée pour avoir confiance en vous.

# Je reste dans la communication (de toutes les manières possibles)

Vous devez rester intimes : repensez à votre passé sexuel vécu ensemble, tous les deux, faites ce que vous aimiez quand vous vous êtes rencontrés. Vous devez rester des amants !

L'important est de rester complices de toutes les façons : on continue les petites soirées au resto, on regarde des films ensemble, on discute de ce que notre futur bébé va changer dans notre vie et va nous apporter. Cette complicité prénatale va influencer votre intimité après la naissance de Bébé.

## PARLEZ, LAISSEZ VOS SENTIMENTS S'EXPRIMER

Les futurs pères veulent faire partie du processus et s'ils se sentent concernés, ils vont être plus attentifs, être là pour vous et pour vous rassurer…

Mais il faut rester dans la communication positive : pas la peine de décrire vos nausées matinales, vos hémorroïdes ou votre constipation. Gardez un peu de mystère, de sensualité (même si c'est parfois difficile avec les maux de la grossesse, les hormones qui se jouent de votre humeur, la fatigue…). N'oubliez pas que communiquer ne signifie pas forcément se plaindre.

## CRÉEZ-VOUS DES MOMENTS PRIVILÉGIÉS, RIEN QUE TOUS LES DEUX !

Dans quelques mois, vous allez planifier vos sorties en couple pour pouvoir réserver la baby-sitter. Et si vous instituiez ce petit rendez-vous galant dès le début de votre grossesse ? Donnez-vous rendez-vous au cinéma, au restaurant tous les vendredis soirs par exemple. Cela va vous obliger à prendre soin de vous, de votre tenue. Vous prendrez la bonne habitude de réserver du temps rien que pour vous deux. La petite sortie a toutes les chances de finir au lit : même si cela ne conduit pas à l'acte sexuel, cela va favoriser votre rapprochement sensuel, votre complicité amoureuse.

Pas le courage de sortir ? On prépare un petit rendez-vous coquin à la maison (avec un peu d'organisation quand même).

Dans tous les cas, passer des moments à deux vous permettra de discuter, pour partager et vous retrouver l'un l'autre. Ouvrez-vous au futur papa !

### ☐ LES 3 CLÉS DE MON PETIT RENDEZ-VOUS SEXY

1. On choisit des sous-vêtements qui nous font vraiment plaisir. Donc, on range le soutien-gorge « orthopédique » en coton blanc.
2. On soigne le décor : lumière tamisée, coussins colorés, bougies…
3. On prépare ou on se fait livrer un bon petit plat.

# Je reste séduisante pendant la grossesse

Il est plus difficile de retrouver une sexualité épanouie après la grossesse si l'on n'a pas pris soin de rester sensuelle et sexuelle pendant.

Il faut **rester ouverte à la possibilité** de faire l'amour, désireuse d'essayer : un peu d'encouragement et de bonne volonté. Voici les points mis en avant par les « *Hot mamas* » américaines :

- avoir l'intention de le faire ;
- essayer ;
- se donner du mal… sans se faire mal ;
- avoir envie de faire des expériences.

Pour chaque trimestre de la grossesse et juste après la naissance de votre bébé, vous allez vous sentir « plus hormonale que jamais » avec les hormones qui vont tout influencer dans votre vie et la bouleverser : votre corps, vos pensées, votre couple et votre sexualité. La libido de la grossesse est exponentielle pour certaines, fluctuante selon les moments pour d'autres ou carrément inexistante !

Vous allez connaître l'impact des hormones de la grossesse, mais gardez à l'esprit que toutes les femmes sont différentes, toutes les grossesses sont différentes et qu'il faut surtout adapter son attitude en fonction de ce que l'on ressent.

# Les impacts des hormones de grossesse

## LES « PLUS »

☺ Augmentation des œstrogènes dans votre corps : bien-être, peau plus souple et donc plus réceptive au sexe.

☺ HCG : l'hormone positive pour la bonne implantation de votre bébé mais qui vous donne aussi des nausées…

☺ 20 % de sang en plus : gonflement des lèvres et des parties génitales et cela permet d'avoir de meilleures sensations et améliore l'excitation sexuelle.

☺ L'engorgement sanguin permet à l'orgasme de venir très vite et d'être très fort.

☺ L'augmentation du volume des seins permet de se sentir plus sexy.

## LES « MOINS »

☹ Les nausées.

☹ Les tétons peuvent être douloureux.

☹ Un côté « trop sensible » les premiers mois comme par exemple : les crises de larmes, les moments d'euphorie, les changements d'humeur tout ce que l'on pourrait appeler l'« enfer hormonal »…

## Mes conseils de doula

- Profitez des hormones de l'amour : elles peuvent vous aider à atteindre (voire découvrir) l'orgasme car vous allez avoir des pics de libido, des orgasmes plus forts. En un mot, une nouvelle sensualité à découvrir.
- Sachez aussi prendre du recul avec l'influence des hormones : vous avez des nausées, la tête qui tourne le matin, par exemple ? Changez vos habitudes sexuelles pour vous adapter et essayer le petit câlin avant de vous endormir…
- Toutes les femmes n'arrivent pas à atteindre l'orgasme pendant la grossesse. Mais l'idée est de rester connectée à son partenaire : massages, bains…

# Les « on-dit » du sexe pendant et après la grossesse

## PEUR D'AVOIR MAL PENDANT LES RAPPORTS

La libido de la future et nouvelle maman est très variable. Pendant la grossesse, la lubrification peut être intense et vous gêner pendant les rapports ou augmenter votre désir. La lubrification vaginale changera sous l'effet des hormones après l'accouchement : ce sera le moment de recourir généreusement aux lubrifiants !

## PEUR DE BLESSER LE FŒTUS PENDANT L'ACTE SEXUEL

C'est une peur non fondée sur la réalité mais essayez d'en discuter et ne vous forcez pas si vous ne vous sentez pas à l'aise ! Votre col protège le bébé. Il est impossible physiquement que le pénis et le sperme soient en contact avec le fœtus.

> ***Le + : L'activité sexuelle a un effet de protection contre les accouchements prématurés. Sauf bien sûr en cas de contractions et de saignements : votre médecin vous interdira les relations sexuelles dans ce cas.***

## PEUR DE DÉCLENCHER DES CONTRACTIONS

Les contractions orgasmiques ne sont pas les mêmes que les contractions qui déclenchent le travail. Vous pourrez ressentir des crampes juste avant ou après l'orgasme. Parfois même, Bébé va se manifester à ces moments-là. Rien d'anormal, sauf si la douleur ne s'arrête pas, si vous perdez du liquide amniotique ou que vous saignez plus que quelques gouttes. Consultez sans tarder votre médecin.

## PEUR D'UTILISER DES SEX TOYS PENDANT LA GROSSESSE

Vous pouvez utiliser des sex toys à condition de bien les nettoyer au savon et à l'eau chaude et de les sécher soigneusement. Choisissez ceux qui ne pénètrent pas dans le vagin.

# Les vraies contre-indications à la sexualité pendant la grossesse

Si l'un de ces cas vous concerne, demandez conseil à votre médecin. Il vous dira comment et si vous devez changer quelque chose à votre séxualité.

- Un placenta prævia.
- Un ou des antécédents de fausses couches (certains médecins conseillent d'éviter les rapports aux moments de l'anniversaire des règles au premier trimestre).
- Une grossesse gémellaire dans certains cas.
- Une irritabilité très forte de l'utérus : risque de contractions.
- Une menace élevée d'accouchement prématuré.
- Des saignements, douleurs…
- Le col prématurément dilaté.
- Une fuite de liquide amniotique.
- Une maladie sexuellement transmissible.

Si votre médecin vous préconise l'abstinence sexuelle, demandez-lui des précisions : pas de coït ? pas d'éjaculation dans le corps de la femme ? éviter l'orgasme ? éviter tous les jeux sexuels y compris caresses, massages (ce dernier cas est heureusement extrêmement rare) ?

## PARTIE II

# 1er TRIMESTRE DE VOTRE GROSSESSE, GRAND CHAMBOULEMENT DU CORPS ET DE L'ESPRIT !

# État des lieux…

**Vous.** Comme la plupart des femmes enceintes, vous êtes fatiguée, vos seins sont tendus et la nausée est la compagne indésirable de vos matins, voire de vos jours et de vos nuits. Les « nausées du matin » sont, pour certaines d'entre vous, présentes 24 heures sur 24 !

Faites-vous partie des 60 % de femmes dont le désir diminue au premier trimestre ? Ou bien des 40 % qui bénéficient d'une augmentation de leur désir sexuel ? Quel que soit le cas, votre libido peut aussi faire le yo-yo et se montrer imprévisible.

**Et le futur papa dans tout ça ?** Il peut être impressionné par la nouvelle, déconcerté, ou bien craquer totalement pour sa femme qui porte son futur bébé issu de votre amour et assumer complètement déjà sa paternité.

Ne vous comparez jamais sur le plan sexuel à ce qu'ont vécu vos copines, collègues ou sœurs pendant leurs grossesses… et rassurez-vous si vous n'avez plus d'envies coquines : 50 % des couples cessent toute activité sexuelle pendant la grossesse.

Comment faire pour que la grossesse devienne l'un des moments les plus sensuels de votre vie ? Comment rester connectée au futur papa ? Et encore mieux, comment essayer de rester amants comme avant ?

# Quelle nouvelle future «maman sexy» se cache en vous ?

Une idée qui ne me quitte pas lors de mes accompagnements de futurs parents pendant la grossesse et pendant les premiers mois en postnatal : faire découvrir aux femmes enceintes ce concept de « maman sexy ». Il faut le comprendre et l'appliquer le plus tôt possible pendant votre grossesse.

Il n'y a aucune raison de séparer la femme que vous êtes et la mère que vous êtes en train de devenir, ou que vous êtes depuis quelques jours, quelques mois ou quelques années ! Mais comment trouver la « maman sexy » qui est en vous, même si vous souffrez de nausées, même si vous n'avez jamais envie, ou si, au contraire, vous ne pensez qu'à ça ?

## LA RÉPONSE EN QUATRE PORTRAITS...

### IL EN A ENVIE, PAS VOUS !

Votre grossesse ne se voit pas de l'extérieur mais vous vous sentez gonflée, presque déjà comme une vache. Bref, pas sexy du tout !

PAROLES DE FUTURES MAMANS

**Élise, enceinte de 3 mois**

«Dès le début de ma grossesse, je n'avais plus envie d'avoir des rapports sexuels... contrairement à mon mari. J'étais plus que fatiguée et j'avais des nausées. Quand j'allais me coucher c'était seulement pour dormir ! Son désir devenait de plus en plus pressant et je lui ai demandé de ne pas me bousculer. J'ai même essayé de me forcer mais en vain... Nous avons beaucoup parlé, parlé, parlé et il a réveillé mes désirs. Nous avons expérimenté les massages et souvent nous faisons l'amour. C'est incroyable mais nous découvrons la sensualité et nous sommes proches malgré tout.»

PAROLES DE FUTURS PAPAS

**Pierre, 25 ans, bientôt papa pour la première fois**

«J'ai tout de suite trouvé ma femme plus lumineuse, sensuelle et j'avais envie d'elle. Mais ce n'était plus réciproque. Elle ne pensait qu'au bébé et avait peur de la fausse couche. Nous n'avons pas fait l'amour de tout le premier trimestre car elle dit que cette zone est trop sensible... Nous entamons le deuxième trimestre et j'espère que cela va changer. Mais je n'ai pas d'idées pour ne pas la brusquer et j'ai peur que notre couple en souffre.»

## Mes conseils de doula s'il en a envie et pas vous

Peut-être devriez-vous essayer les lubrifiants, si vous trouvez que les rapports sont douloureux. Il y en a pour tous les goûts : glaçant, chauffant ou même aux fruits... et ça marche aussi avec l'huile d'olive (100 % naturelle et vous pouvez la choisir bio).

## AUCUN DE VOUS N'EN A ENVIE

Tout le monde est content. Dites-vous que c'est seulement une phase, une parenthèse dans votre histoire d'amour. Et que cela ne va pas durer toute la vie… si vous appliquez quand même quelques conseils.

### Mon conseil de doula

Restez connectés ! Prenez du temps ensemble : parlez, soyez affectueux l'un envers l'autre. Sinon, vous risquez de vous éloigner.

---

**PAROLES DE FUTURES MAMANS**

**Sophie 42 ans, maman d'Emma 13 mois et enceinte de 5 mois**

«Ma première grossesse est arrivée grâce à une FIV (fécondation in vitro) et nous avions attendu plus d'un an. Je me suis sentie très fière et habitée mais nous avions peur de perdre ce bébé et nous avons attendu plusieurs semaines avant que les câlins retrouvent leur place. Et pour ma deuxième grossesse naturelle, nous avons attendu le cinquième mois car avant, j'étais trop fatiguée.»

***Le conseil de Sophie :*** se laisser du temps, être à l'écoute de ses envies, et cela revient naturellement. Le plus important est de rester à l'écoute l'un de l'autre.

PAROLES DE FUTURS PAPAS

**Éric, papa d'une petite fille de 6 mois**

« Ma femme et moi, nous nous sommes tout de suite sentis "déjà parents" à l'annonce de la grossesse, et notre sexualité a souffert de cette image. C'est comme si nous prenions un coup de vieux… Heureusement nous avons retrouvé nos câlins enflammés après l'accouchement, mais nous sommes restés très proches pendant la grossesse de plein d'autres façons. »

## VOUS EN AVEZ ENVIE, PAS LUI !

De nombreux futurs pères sont perturbés à l'idée de blesser le futur bébé avec leur pénis en faisant l'amour… mais aucun risque, je vous l'assure !

PAROLES DE FUTURES MAMANS

**Claire, maman de Cléa, 2 mois**

« Mon mari n'a plus voulu me toucher depuis l'annonce de ma grossesse, par peur de blesser notre futur bébé. Il disait vouloir attendre l'accouchement. J'ai donc attendu l'accouchement et maintenant que notre fille est née et a 2 mois, il ne veut toujours pas de peur de me faire mal. J'ai l'impression qu'il me fuit… J'ai perdu du poids depuis l'accouchement, je fais attention à mes tenues, à mettre des dessous sexy mais cela ne sert à rien ! »

**Carine, enceinte de 3 mois**

« Il est très prévenant, attentionné depuis que nous savons que je suis enceinte. Mais j'ai l'impression d'être en porcelaine. Il ne veut plus me toucher. Je me sens une mère en devenir et non plus son amoureuse. Espérons qu'il va changer au cours de la grossesse. »

**PAROLES DE FUTURS PAPAS**

**Grégoire, 29 ans, futur papa**

« J'ai peur de faire mal à ma femme et à ce petit être minuscule mais j'ai toujours envie d'elle. Je veux être sûr que je ne vais pas provoquer de catastrophe en lui faisant l'amour. »

**Mon conseil de doula si vous en avez envie et pas lui**

- Initiez-le aux massages, à la sen-su-a-li-té.
- Et si rien n'y fait, demandez à votre médecin un « certificat d'aptitude au… sexe » !

### VOUS N'ARRÊTEZ PAS : C'EST L'EUPHORIE SEXUELLE !

Vous êtes dans le meilleur des mondes. Profitez-en avant l'arrivée de Bébé qui parfois peut perturber votre libido.

## LA SEXUALITÉ DÉCUPLÉE DÈS L'ANNONCE DE LA GROSSESSE (OU PRESQUE)

Et pourquoi ? Il y a des pics de libido pendant la grossesse. Cela est dû aux poussées hormonales subtiles tout au long de la grossesse (œstrogènes, progestérone).

**PAROLES DE MAMANS**

**Iris, maman de quatre enfants**

«J'ai tout de suite eu plus envie de faire l'amour, dès que j'ai su que j'étais enceinte. J'avais envie de lui presque tout le temps. J'étais comme bercée toute la journée par des sensations agréables dans le bas de mon corps.»

**Isabelle**

«Je suis enceinte de 2 mois et c'est la première fois que je sors sans mettre de culotte sous ma robe pour éviter le frottement car je n'ai pas besoin de stimulation supplémentaire !»

**Alexandra, maman de Jonas, 9 mois**

«Je n'ai pas encore retrouvé une telle harmonie sexuelle, de telles envies. J'étais pleine de désir. Me savoir enceinte a été pour moi le meilleur des aphrodisiaques.»

***Le conseil d'Alexandra :*** profitez-en, car quand Bébé arrive, tout change et on n'est pas assez préparés à ce chamboulement immense qui affecte aussi notre sexualité par manque de disponibilité, de temps.

**Marine, enceinte de 2 mois ½**

«J'ai envie de sexe toute la journée, je me touche dès que possible, je saute sur mon mari dès qu'il rentre même s'il est fatigué. Je suis dans un état d'excitation constante et nous en parlons beaucoup tous les deux mais surtout nous en profitons. Cette complicité est merveilleuse. Il suffit d'un regard, et crac-crac assuré !»

PAROLES DE FUTURS PAPAS

**Pierrick, 28 ans, futur papa**

« J'ai l'impression que les rôles sont inversés : ma femme me saute littéralement dessus et je trouve cela amusant mais aussi épuisant et parfois j'ai l'impression d'être juste un objet sexuel. »

**Mon conseil de doula**

Profitez de cette lune de miel sexuelle. Pour certains cela n'arrive qu'au deuxième trimestre de la grossesse et pour d'autres… jamais !

**Votre futur bébé**

À 1 mois de grossesse : il a la taille d'une petite graine de fraise.
À 2 mois : il a la taille d'un nounours Haribo.
À 3 mois : il a la taille d'une balle de base-ball.

## ET LE FUTUR PAPA ?

### PORTRAITS DE FUTURS PAPAS

- Celui qui craque littéralement pour sa femme. Depuis qu'il sait qu'elle porte la vie grâce à lui (un peu quand même), cela lui donne encore plus de pouvoir sexuel. Déjà un super-papa, super-amant.

PAROLES DE PAPA

**David, papa de Jean, 3 mois**

« La grossesse nous a permis de découvrir de nouveaux jeux amoureux. Je n'ai jamais vu ma femme aussi belle et épanouie sexuellement que pendant sa grossesse. »

***Le conseil de David :*** tout peut changer à l'arrivée de Bébé. Alors, profitez des derniers moments à deux et de votre sexualité épanouie.

- Celui qui est réticent vis-à-vis de la sexualité dès le début de la grossesse : « Je vais faire mal à mon futur bébé… »

PAROLES DE PAPA

**Mathias, papa de Léo, 6 mois**

« J'ai tout de suite été concentré sur l'objectif bébé et je ne voyais plus ma femme que comme une mère en construction. »

***Le conseil de Mathias :*** il ne faut pas hésiter à poser des questions à votre médecin car avec un peu plus d'information, j'aurais sans doute eu moins peur d'avoir une sexualité normale pendant la grossesse.

- Celui pour qui rien n'a changé et qui a toujours autant envie de sa femme mais qui se voit refuser ses avances.

**PAROLES DE PAPA**

**Antoine, papa de Léna, 6 mois**

« Ma femme n'a plus voulu faire l'amour avant le 5e mois de grossesse et cela a créé des tensions dans notre couple. »

***Le conseil d'Antoine :*** ne jamais rompre le dialogue et essayer d'avoir des moments d'intimité même si la sexualité n'est plus au rendez-vous. Et puis, tout peut changer en cours de grossesse.

- Celui qui n'a plus envie mais que sa femme approuve car elle est dans le même cas.

**PAROLES DE FUTUR PAPA**

**Guy**

« Nous avons tellement attendu la grossesse de ma femme que nous ne pensons qu'à notre futur bébé et nos relations intimes sont très rares. »

***Le conseil de Guy :*** il faut garder à l'esprit en permanence que la sexualité doit revenir après la naissance de Bébé, sinon on risque d'oublier son couple.

**PAROLES DE MAMANS**

### Claire, maman de Pauline

«J'ai attendu trois ans avant de tomber enceinte, alors la seule chose qui comptait pour moi, c'était que ce bébé arrive dans neuf mois. Tout était concentré sur lui. Pour moi, les trois premiers mois, c'était libido zéro.»

### Élisabeth, maman de Louise

«Notre sexualité n'était plus spontanée depuis deux ans, le temps qu'il nous a fallu pour que je sois enceinte. Côté sexe, c'était plutôt calcul de date d'ovulation, rendez-vous programmés. Quand j'ai su que j'étais enceinte, c'était la libération sexuelle ! Et en plus j'ai pris de la poitrine : ce qui faisait beaucoup rigoler Marc car je suis plutôt "plate". Nous étions soulagés, heureux et épanouis.»

# Les petits tracas de la grossesse et votre libido

## L'ENVIE DE FAIRE PIPI

Petit inconvénient qui ne doit pas vous empêcher de boire beaucoup d'eau. Au contraire, vous devez boire entre 8 et 10 verres d'eau par jour.

Les femmes enceintes sont sujettes aux cystites et il vaut mieux les éviter. Essayez de boire un verre de jus de canneberge (cranberry) tous les jours car cette petite baie à un effet protecteur contre les infections urinaires.

Vous allez me demander quel est le rapport entre vos envies de soulager votre vessie et la sexualité ? Vous pouvez être interrompue pendant les câlins : ne vous retenez pas et dites-vous que cela vous apprend qu'un élément extérieur peut venir perturber votre sexualité (dans quelques mois, il aura un joli prénom, pèsera environ 3 kg, réclamera à manger huit fois par 24 heures et devra être changé presque autant de fois). Alors, prenez cela comme un entraînement.

PAROLES DE MAMAN

Annabelle, enceinte de 4 mois

« J'ai très vite compris que cette grossesse allait me changer. De femme, je suis devenue "femme enceinte" avec tout ce qui va avec : nausée, pipi dix fois par jour, fatigue et je ne me trouve plus sexy du tout. »

## LES NAUSÉES

Bon, courir aux toilettes de votre bureau en pleine réunion peut être gênant mais imaginez quand la nausée arrive en plein acte sexuel : rien de tel pour vous couper l'envie à tous les deux. Les « nausées matinales » n'ont en réalité pas d'heure pour apparaître sans prévenir.

***À faire : dites-vous que c'est pour la bonne cause. La nausée est plutôt un bon signe car cela indique que les hormones travaillent pour créer le nid de votre futur bébé. Dites-vous aussi que pour la plupart des femmes enceintes, cela va s'arrêter au deuxième trimestre et que vous profiterez alors de cette nouvelle période appelée « lune de miel » de la grossesse… à 100 %, promis !***

**PAROLES DE MAMANS**

### Élodie, maman d'une petite fille de 8 mois

« Pendant ma grossesse, j'aurais pu être un exemple type de la femme enceinte à montrer aux étudiantes sages-femmes : nausées surtout le matin, fatigue avec des étourdissements et endormie tous les soirs à 19 heures, les seins douloureux et j'en passe. Tout cela au premier trimestre. Mon mari a été très compréhensif les trois premiers mois et nous avons découvert la pratique du massage très sensuel, c'est doux, relaxant et un moyen d'avoir beaucoup de plaisir sans trop bouger. »

### Marie, maman d'un bébé de 3 mois

« Je n'étais que nausée dès les premières semaines et, pour moi, les débuts de ma grossesse ont signé presque la fin de ma libido. Les trois premiers mois passés, c'était plus qu'épisodique et maintenant que mon bébé a 3 mois, ce n'est toujours pas revenu. »

### Iris, maman de quatre enfants

« J'ai toujours été malade pendant mes grossesses. Les nausées étaient très présentes et n'ont disparu au plus tôt qu'à 5 mois de grossesse ! Mais cela n'a rien empêché dans notre sexualité : j'étais nauséeuse mais j'avais tout le temps envie de mon mari. Je n'ai jamais été aussi épanouie sexuellement que pendant mes grossesses. »

## LES SAUTES D'HUMEUR : TOUJOURS ET ENCORE À CAUSE DES HORMONES

Vous êtes sereine, calme et heureuse et voilà que vous fondez en larmes sans raison. Votre caractère semble aussi faire le yo-yo.

Ce n'est pas une raison pour vous en prendre à votre cher et tendre. Les hormones ne peuvent pas tout expliquer.

PAROLES DE MAMAN

**Elsa, enceinte de 6 mois**

« Le premier trimestre, j'ai eu l'impression d'être dirigée par un ouragan hormonal. Je riais, l'instant d'après je sanglotais et j'en voulais à mon mari sans raison. Avec le recul, je trouvais cela difficile de porter ce bébé toute seule alors qu'on l'a fait à deux. À moi tous les inconvénients. »

### Mon conseil de doula

Communiquez ! Il vaut mieux parler de ce que l'on ressent au moment où cela se passe pour garder une relation basée sur la compréhension, le soutien et cela a un immense impact sur la sexualité. Il faut pouvoir rester intimement connectés malgré les effets secondaires de la grossesse.

## LA FATIGUE

« Je suis FA-TI-GUÉE ! » est devenu votre phrase préférée. Sachez qu'une sieste de vingt minutes suffira à faire du bien à votre moral et vous aidera à vous recharger en énergie.

### LES 10 CLÉS D'UNE BONNE SIESTE

1. Établissez une durée de sommeil et mettez un réveil pour ne pas tomber dans un sommeil profond. Il serait alors encore plus difficile d'émerger des limbes.
2. Installez-vous confortablement, de préférence en position allongée (il faut 50 % de temps supplémentaire pour s'endormir quand on reste assis).
3. Fermez les yeux ou mettez un petit masque comme celui qu'on donne dans les avions.
4. Gardez une couverture légère près de vous.
5. Ralentissez progressivement le rythme de vos pensées en même temps que votre respiration.
6. Détendez-vous en respirant lentement et profondément.
7. Concentrez-vous et relachez vos muscles les uns après les autres.
8. S'il y a trop de bruit autour de vous, mettez des boules Quiès.
9. Apaisez votre esprit : rien de mieux qu'une promenade virtuelle dans un endroit tranquille comme une plage, un coin de forêt ; ou encore comptez les moutons.
10. Prenez une tasse de café juste avant de vous endormir afin d'améliorer votre vivacité d'esprit au réveil. Il faut en effet entre vingt et trente minutes avant que la caféine fasse son effet. (N'oubliez pas de limiter votre consommation de produits contenant de la caféine pendant votre grossesse.)

### Mon conseil de doula : la fatigue doit devenir l'élixir du sexe !

- Le sexe est gratifiant et va vous soulager de vos petits maux : nausées (car vous allez les oublier un petit moment) et stress.
- Faire l'amour juste avant de s'endormir, aide à mieux dormir. Vous n'avez rien à perdre à essayer, non ?
- Vous pouvez tout simplement dire non. Mais pourquoi ne pas essayer en commençant par masturber votre partenaire qui n'en peut plus de vous entendre parler de vos nausées, de vos envies de faire pipi et aimerait bien qu'on s'occupe de lui… aussi. Et qui sait, vous aurez peut-être envie de continuer ensemble.

PAROLES DE MAMANS

**Barbara, enceinte de 4 mois**

«Je suis enceinte de 4 mois et je suis vraiment fatiguée. Il m'arrive de m'endormir même avant le dîner et les sorties le soir sont impossibles pour moi. Nous avons donc d'autres rituels : sous la douche juste avant de partir travailler et même au réveil. Je ne veux pas être frustrée ou frustrer mon mari juste à cause de la fatigue.»

***Le conseil de Barbara :*** la sexualité ne se résume pas à la pénétration. Il faut essayer d'innover et de s'adapter à la grossesse.

**Maryline**

«Avec le recul (ma fille a plus d'un an), maintenant que je vois tous les efforts qu'il faut faire pour retrouver une sexualité et une intimité après la naissance du bébé, pour ma prochaine grossesse, je resterai sexuellement active même si cela demande des efforts dans un premier temps.»

## LES ENVIES DE FRAISES (POUR CELLES QUI NE SONT PAS DÉGOÛTÉES JUSTE EN LISANT LES MOTS « CHOCOLAT », « GLACES », « CORNICHONS »...)

Si vous avez des envies sucrées, pourquoi ne pas essayer les nouveaux petits gadgets parfumés pour votre sexualité ? Il existe maintenant des gels lubrifiants à la fraise, à la banane qu'on peut manger et aussi du chocolat pour enduire le corps de son partenaire *(voir liste shopping sexy).*

### Mes conseils de doula : les aliments bons pour vous, votre bébé et votre libido !

Connaissez-vous les aliments aphrodisiaques ? Certains le sont grâce à leur forme suggestive comme la banane, d'autres parce qu'ils renferment les hormones de l'amour (comme les endorphines que vous sécrétez quand vous ressentez du plaisir mais aussi que vous allez sécréter pour pouvoir accoucher.)

Voici donc un petit récapitulatif des aliments à la fois aphrodisiaques et pleins de vitamines naturelles à rechercher pendant la grossesse : fer, acide folique, magnésium…

- **Le chocolat** : à choisir le plus riche possible en cacao, de préférence à 70 % ou plus. Mais n'en abusez pas non plus, car il contient de la caféine à éviter pendant la grossesse. L'arginine qu'il contient se transforme en oxyde nitrique à l'effet vasodilatateur mais le chocolat va aussi stimuler les endorphines. Pour la petite histoire, les Aztèques l'utilisaient comme aphrodisiaque !
- **Le gingembre** : une épice qui a la réputation d'être aphrodisiaque mais qui a aussi des vertus antinausées. L'odeur très particulière du gingembre va aussi jouer un rôle dans la stimulation de vos sens et de votre sexualité…
- **La vanille** naturelle de Madagascar ou de Tahiti. La vanille a de nombreux effets bénéfiques pendant la grossesse : antistress grâce à

→

son parfum apaisant et relaxant et ses essences stimulent les sens !
*Rendez-vous dans le Guide pratique du premier trimestre pour quelques idées de recettes aphrodisiaques !*

## LES PETITES PERTES DE SANG

Le col de l'utérus est plus sensible et vous pouvez saigner plus facilement après un rapport sexuel, une consultation gynécologique… Certaines femmes ont aussi des « règles anniversaire ». Sachez que cela ne doit pas être un saignement trop important et qu'il ne doit pas durer. Sinon, consultez sans attendre.

Découvrir juste quelques taches de sang ne doit pas vous faire cesser toute activité sexuelle. Le sexe c'est bon pour vous, votre couple et votre bébé !

## LES SEINS HYPERSENSIBLES

Voici quelques idées pour que les caresses des seins ne deviennent pas une torture.

Il n'y a pas que les tétons à suçoter ou à lécher. La courbe sous vos seins est très sensible pendant la grossesse mais pas douloureuse.

Rien de mieux que d'essayer le massage prénatal des seins avec une huile antivergetures pour allier l'utile à l'agréable. Son secret : l'effleurage, pour que le toucher soit doux…

Prenez une huile de massage adaptée à la grossesse *(rendez-vous dans le shopping du Guide pratique pour trouver les « bonnes » marques comme Weleda, Essential Care…).*

Vous pouvez créer votre propre huile de massage aussi ! Voici une recette de Marie Bousquet, conseillère en aromathérapie et phytothérapie dans des magasins bio au Canada et en France, elle est aussi la créatrice de l'Ateliers de la Souris verte (**http://latelierdelasourisverte.typepad.com**) et coauteur de *Mes petits cadeaux cosmétiques bio,* Leduc.s Éditions.

### HUILE DE MASSAGE À LA ROSE ET À LA VANILLE

Pas d'huiles essentielles pendant la grossesse (sauf avis d'un thérapeute compétent)… Il va falloir ruser ! Heureusement, les huiles infusées aux plantes sont une très bonne alternative, sans aucun danger pour les femmes enceintes ou allaitant, car les principes actifs extraits de cette façon sont beaucoup moins concentrés… et néanmoins efficaces !

La rose et la vanille se marient très bien et composent un parfum sensuel sans être trop lourd.

***Pour 100 ml d'huile de massage***

*7 c. à s. d'huile végétale (amande douce, pépins de raisin…)*

*3 c. à s. de boutons de rose séchées*

*1 gousse de vanille*

- Mettez sans tasser les boutons de rose et la vanille dans un pot en verre bien propre. Recouvrez d'huile, et laissez infuser 3 semaines à l'abri de la lumière et de la chaleur.
- Filtrez le mélange à l'aide d'un chinois ou d'un filtre à café (attention, c'est très long !).
- Conservez cette huile dans une bouteille hermétique, en verre de préférence, et utilisez sans modération !

Une fois l'huile choisie, on la chauffe au creux de ses mains. Plusieurs massages possibles :

### L'EFFLEURAGE

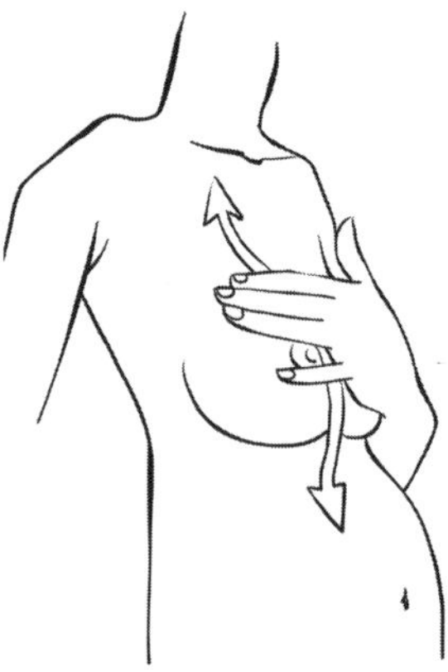

« On applique l'huile de la base des seins jusqu'aux clavicules à la base du cou, en englobant les aréoles. L'intensité de l'appui de votre main dépend de votre sensibilité. Imaginez votre sein comme une vague. Vos mains surfent sur la vague de bas en haut. Utilisez alternativement la main droite pour le sein gauche et inversement. »

Ce massage est proposé par la marque Weleda et je l'explique aux futures mamans que j'accompagne. Elles sont ravies de faire découvrir leur nouveau corps et leur nouvelle sensibilité au futur papa.

C'est donc à lui que revient le secret d'un massage plein de douceur…

### LE MASSAGE EN HUIT

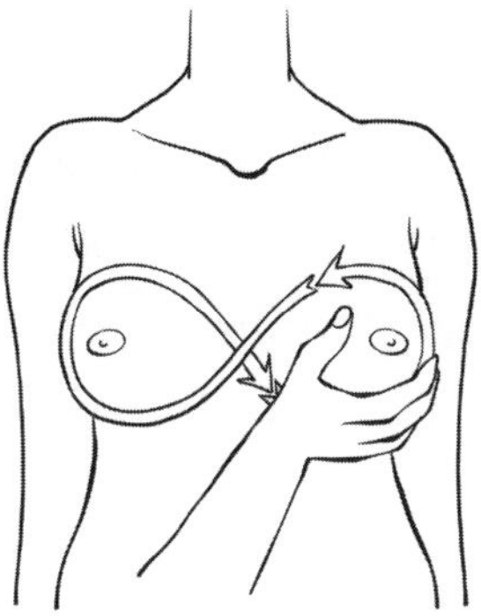

« On commence toujours le massage par un effleurage avec les paumes à plat, du ventre à la naissance du cou en passant par la cage thoracique et l'espace entre les deux mamelons. »

(Description tirée du livre de Christine Baumanns, *Massages d'amour*, paru aux éditions Leduc.s, un livre plein de belles idées de massages pour des instants sensuels…)

Vous allez aimer ce massage en huit car la courbe sous vos seins est aussi très sensible pendant la grossesse mais pas douloureuse !

### EXPLICATIONS POUR LE FUTUR PAPA

Si vous êtes droitier, posez votre paume droite sous le sein gauche et passez entre les seins pour remonter jusqu'au-dessus du sein droit. Puis « glissez votre paume droite sur le côté de son sein droit, puis laissez votre paume gauche prendre le relais, sans interrompre la fluidité du mouvement et en essayant de sentir à pleines paumes sa courbe délicieuse. »

# Comment maintenir au quotidien le contact érotique

## LE BAIN

Faites couler un bain chaud (pas brûlant) en ajoutant quelques gouttes d'huiles compatibles avec la grossesse et même quelques pétales de fleurs à la surface. N'utilisez surtout pas de produits à base d'huiles essentielles contre-indiquées pendant les trois premiers mois de la grossesse.

Allumez quelques bougies pour créer une ambiance romantique et relaxez-vous ensemble.

Après le bain, vous aurez envie de dormir comme un bébé ou de câlins. À essayer !

### RECETTE COSMÉTIQUE : SELS DE BAIN RELAXANTS À PRENDRE À DEUX

Le sel de mer non raffiné est très riche en minéraux, notamment en magnésium, un relaxant musculaire dont l'action est amplifiée par les fleurs de lavande. L'huile de rose apporte une touche parfumée et sensuelle.

***Pour un bain :***

*- 1 poignée de gros sel de mer (de Guérande de préférence)*

*- 2 c. à s. de fleurs de lavande*

*- 1 c. à s. d'huile infusée à la rose (on doit laisser infuser 3 semaines des boutons de roses séchés dans une huile végétale à l'abri de la lumière et de la chaleur, puis filtrer patiemment à l'aide d'un chinois ou d'un filtre à café).*

## DES PETITES ATTENTIONS ET IDÉES POUR FAIRE RENAÎTRE LE DÉSIR

Créez un petit signe, un petit regard à échanger en public pour exprimer votre désir…

PAROLES DE MAMANS

Annabelle

«Un petit mordillement de la lèvre inférieure est devenu notre signe pour nous éclipser d'un dîner et nous retrouver enfin seuls pour profiter de mes hormones en folie.»

### Mes conseils de doula

- Envoyez-lui des SMS coquins quand il est au travail pour laisser monter son désir… à condition de l'accueillir en étant la plus sexy possible (non, pas votre jogging de grossesse mais plutôt des dessous sexy ou encore en « oubliant » de mettre votre petite culotte sous votre robe).
- Pour celles qui ont besoin d'un peu plus d'aide, pourquoi ne pas laisser votre homme vous lire quelques nouvelles érotiques. Cela vous fera, au choix, passer un bon moment de rire ensemble ou plus si affinités !
- Restez dans la COMMUNICATION pour surmonter les éventuels blocages.

## DISCUTEZ DE VOS FANTASMES !

Ils sont des activateurs féconds du désir. Vous n'êtes pas obligés de les mettre en pratique. L'introduction du fantasme (même partiel) va donner du piment à votre relation et peut vous exciter si votre libido n'est pas au rendez-vous.

### Les TP (travaux pratiques)

La liste de nos fantasmes à remplir à deux

- Elle : ____________________

____________________

____________________

____________________

____________________

____________________

____________________

- Lui : ______________________________________________

______________________________________________________

______________________________________________________

______________________________________________________

______________________________________________________

______________________________________________________

______________________________________________________

## CULTIVEZ VOTRE CÔTÉ SEXY

Votre poitrine est devenue très sensible mais ce n'est pas une raison pour ne pas mettre vos nouvelles formes en valeur. Vos seins vont adopter un nouveau look (assombrissement des aréoles, tubercules de Montgomery saillants) et surtout une immense sensibilité.

Adaptez vos sous-vêtements, tout en privilégiant les matières naturelles en coton bio, en bambou… Filez faire du shopping dans les boutiques de maternité. Elles sont de plus en plus fournies et proposent des vêtements pratiques, confortables et très jolis.

**CE QU'ILS EN DISENT**

Guy

« Ma femme avait de très gros seins pendant ses grossesses et j'adorais ça. Elle, elle les trouvait très lourds et cela l'embêtait un peu que je puisse préférer sa poitrine de femme enceinte à sa poitrine habituelle. Mais notre sexualité était plus épanouie que jamais. »

Éric

« J'ai découvert les massages prénataux et surtout l'extraordinaire érotisme de cette pratique. Je l'enduisais d'huile antivergetures et nous nous sommes beaucoup amusés. Sa poitrine est restée magnifique après la naissance et je me dis que c'est un peu grâce à moi. »

## CONTINUEZ À FAIRE ATTENTION À VOUS

Pour rester éveillée sexuellement même si je suis fatiguée, épuisée, et que mes hormones me jouent des tours.

Voici ce que se dit la « maman sexy » :

- Je profite de mon énergie toute particulière : je suis en train de créer la vie après tout.
- Cela me donne le sentiment d'être invulnérable et confiante.
- Même si je ne corresponds pas aux canons de la beauté en temps normal, je suis sensuelle…
- Je veux savourer l'expérience de ma grossesse.

- Je dois m'adapter à mon nouvel état de femme enceinte et donc découvrir une nouvelle dimension sexuelle : de nouvelles positions plus adaptées à mon état, à ma fatigue…
- Je suis une femme normale et je prends soin de mon corps (je peux aller chez l'esthéticienne ou chez le coiffeur !).

J'adapte ma pratique sportive mais je n'arrête pas le sport si je n'ai aucune contre-indication médicale. Mais je ne m'inscris pas pour autant au cours de yoga niveau professionnel si je ne connais même pas la position du chien couché…

Un petit peu d'exercice, rien de plus simple pour se sentir pleine d'énergie, remplie de bien-être et prête pour l'activité… sexuelle !

### LE YOGA PRÉNATAL EN 6 CLÉS

1. Trouvez un cours adapté aux femmes enceintes.
2. Les positions assises apaisent…
3. Les positions debout vitalisent…
4. Pratiquez la relaxation profonde : mettez un CD de relaxation, tamisez la lumière, relâchez les tensions de votre corps, fermez les yeux et acceptez les pensées qui vous submergent…
5. Au premier trimestre, apprenez à utiliser les positions de repos. En voici une, très utile tout au long de la grossesse : allongez-vous sur le côté en fléchissant un genou. Puis placez un ou deux coussins sous votre tête et un autre sous vos jambes.
6. Essayez de faire du yoga dehors, dans un jardin par exemple.

### LE PILATES POUR LA GROSSESSE EN 5 CLÉS

1. Toujours commencer par un échauffement
2. Cela va vous apprendre à trouver la bonne posture à chaque moment de la grossesse.
3. C'est une approche globale de soi et cela vous aide à lutter contre le stress…
4. Cela va vous aider en douceur à renforcer la zone qui porte votre bébé.
5. Vous allez accroître votre capacité respiratoire.

## REDÉCOUVREZ LE CORPS DE VOTRE AMANT

*Je l'amène au bord de l'orgasme…*

Vous avez des difficultés avec votre nouveau corps de femme enceinte, pourquoi ne pas en profiter pour redécouvrir celui de votre amoureux ?

Rien de mieux pour vous sentir à nouveau désirable et désirée. Petite leçon pour bien vous y prendre…

- Bandez-lui les yeux et liez-lui doucement les mains.
- Partez à la découverte de sa peau avec vos mains, votre langue…
- Faites un strip-tease, alors qu'il ne peut pas vous toucher (après lui avoir ôté le bandeau bien sûr).
- Essayez le tantrisme ! *(Rendez-vous dans les pages du Guide pratique.)*

## RESTEZ TOUJOURS PROCHES

Si la grossesse n'est pas connectée avec votre sexualité, cela risque d'être plus difficile de retrouver une complicité sexuelle, une complicité de couple après la naissance de Bébé.

Il faut rester ouverte à la possibilité de garder une vie sexuelle :

- avoir l'intention d'être réceptive à la sexualité ;
- vouloir rester sensuelle et sexuelle ;
- essayer ;
- se donner du mal pour rester connectée à son partenaire.

Comment rester connectés ?

À l'heure d'Internet, servez-vous de la technologie pour faire vivre votre relation. Écrivez à votre partenaire souvent, racontez-lui votre journée. Bavarder en ligne est un moyen efficace de garder le contact pendant la grossesse.

### DES PETITES IDÉES POUR RESTER PROCHES PHYSIQUEMENT

Proposez à votre partenaire de lui masser le dos.
Embrassez-vous tous les jours
Tenez-vous la main dans la rue, dans le bus ou au magasin
Faites des activités à deux : comme la cuisine, lire ensemble…

# L'orgasme : un des grands bénéfices de la grossesse

Explications : l'afflux de sang (augmentation de 20 % du volume sanguin) va accroître l'intensité des orgasmes.

L'orgasme va être plus fort et on peut avoir plus d'orgasmes lors du même rapport.

## Mes conseils de doula

- Profitez de l'érotisme de votre poitrine ! La poitrine qui prend du volume et les seins plus fermes sont l'un des premiers signes de la grossesse.
- Cette métamorphose est quasi instantanée. Il faut donc profiter de cette zone érogène, parfois nouvelle chez certaines femmes. Et rappelez-vous qu'ils peuvent aussi devenir très sensibles et très érogènes. Il faut donc les traiter avec douceur et doigté. On met de l'huile de massage sur les seins : c'est bon pour éviter les vergetures qui peuvent apparaître.

*Pour tout savoir sur le massage des seins, rendez-vous p. 60.*

***À savoir : vous pouvez, dès le début de la grossesse, changer de bonnet de soutien-gorge. Vous pouvez passer du B au C et même au D en fin de grossesse.***

# Foire aux questions sur le 1er trimestre de la grossesse

*Peut-on prendre des douches vaginales ?*

Non. Ce n'est recommandé à aucun moment, et encore moins pendant la grossesse. Votre corps se nettoie à sa façon. La douche perturbe l'équilibre naturel du pH du vagin et accroît les risques de mycose/candidose.

*Peut-on utiliser des préservatifs ?*

Cela dépend. Si vous les utilisez uniquement de façon contraceptive, vous n'en avez plus besoin. Si vous les utilisez pour éviter la transmission d'une MST, alors continuez évidemment. Il y a certaines circonstances toutefois dans lesquelles le préservatif n'est pas une protection suffisante. Par exemple, si vous êtes enceinte et que vous contractez l'herpès, vous aurez besoin d'une césarienne afin de protéger votre enfant. Renseignez-vous sur toutes les maladies que vous ou votre conjoint pouvez avoir et qui ont un effet sur la grossesse.

*Peut-on employer des lubrifiants et des huiles de massage ?*

Dès lors qu'ils sont à base ni de pétrole, ni de minéraux, et qu'ils sont purs (sans conservateurs ou parfums artificiels), cela devrait aller. Je suggère l'huile d'olive. C'est un lubrifiant comestible qui fait aussi office d'huile de massage.

*Peut-on faire l'amour dans la piscine ?*

Non. Le chlore peut occasionner des mycoses. De plus, l'eau introduite dans le vagin pendant l'amour ne lubrifie pas le vagin, au contraire.

*Peut-on faire l'amour ou des préliminaires dans un hammam ou un sauna ?*

Non. Ni hammam ni sauna pendant la grossesse. Ils augmentent énormément votre température corporelle et peuvent endommager le cerveau de votre bébé. Les bains très chauds doivent aussi être évités. La température sûre ne doit pas être plus élevée que votre température corporelle. Si vous voulez de la chaleur, prenez une douche chaude ou asseyez-vous près d'un feu.

# Guide pratique du 1er trimestre : prenez vos marques

## MON KAMA-SUTRA DE GROSSESSE : LES POSITIONS À PRIVILÉGIER

Petit rappel : si votre grossesse n'est pas à risque *(voir contre-indications p. 36)*, vous pouvez continuer à faire ce que vous aimiez lors de vos rapports sexuels. N'oubliez pas, vous êtes toujours la même femme et lui le même homme que lorsque vous vous êtes rencontrés !

Il faut simplement oublier, le temps de votre grossesse, quelques habitudes. Laissez de côté la « douce violence », tout comme les sex toys et les godemichés qui pénètrent à l'intérieur du vagin…

Mais vous avez le choix des positions et au premier trimestre de la grossesse, l'imagination est votre principale limite !

Pour celles qui ont des nausées, les seins sensibles ou celles qui ressentent une immense fatigue, voici un Kama-sutra revisité pour vous adapter.

## LES POSITIONS DU 1er TRIMESTRE

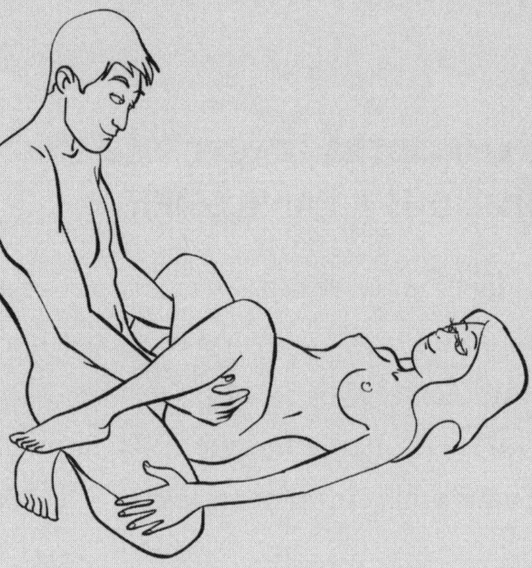

LE FACE-À-FACE

- **Face-à-face, la femme allongée sur le dos :** une position à éviter en fin de grossesse pour ne pas comprimer la veine cave et éviter de vous étourdir.

La future maman écarte ses jambes, les plie et les ramène vers elle. Le futur papa va pouvoir l'admirer tout en venant la pénétrer en se positionnant face à elle (les genoux posés près de ses hanches à elle !).

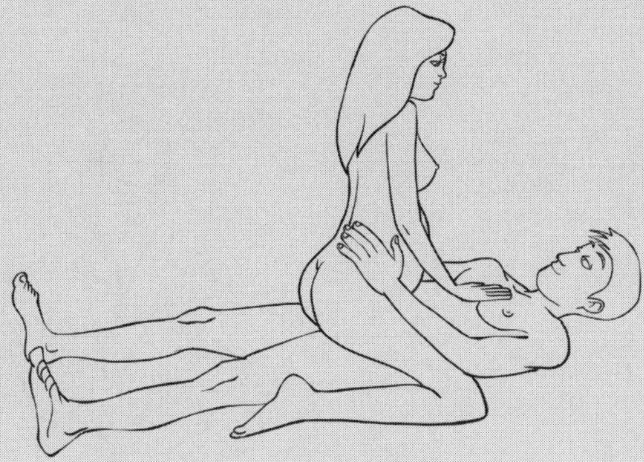

LA FEMME AU DESSUS

- **Femme au-dessus :** la maman s'assoit sur le sexe du futur papa. Ainsi le ventre n'est pas comprimé.
- **Position de la chaise :** idéale pour le premier trimestre, la femme maîtrisant l'amplitude et la vitesse du mouvement, ce qui l'aide à éviter les nausées

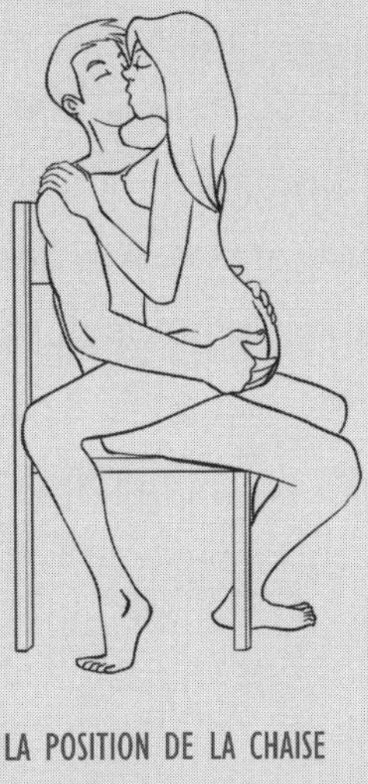

LA POSITION DE LA CHAISE

L'homme est assis sur une chaise. La femme est à califourchon sur lui, éventuellement légèrement penchée en avant. Pendant la pénétration, l'homme tient fermement les fesses de la femme. Les bras de celle-ci reposent sur la poitrine de l'homme. Les mains de la femme sont posées sur les épaules de l'homme.

LA POSITION FAVORABLE AUX CARESSES

- **Position favorable aux caresses** (ou à la tendresse) : à adopter en cas de seins hypersensibles.

La femme est assise en tailleur sans que les jambes ne se croisent. L'homme se tient assis derrière elle et pose ses jambes entre celles de la femme (les mollets de l'homme touchent l'intérieur des cuisses de la femme). La femme appuie son dos contre l'homme. Celui-ci croise ses mains sur le pubis de la femme. Les deux partenaires peuvent s'embrasser, la femme n'a qu'à légèrement tourner la tête. L'homme peut également l'embrasser dans le cou.

## LES MASSAGES DES SEINS DU 1er TRIMESTRE

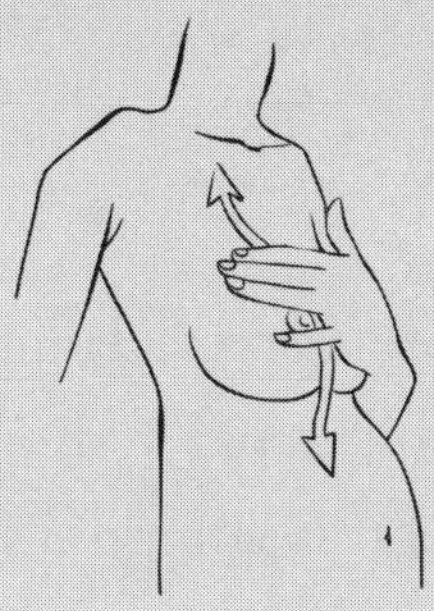

L'EFFLEURAGE (VOIR DESCRIPTIF P. 60)

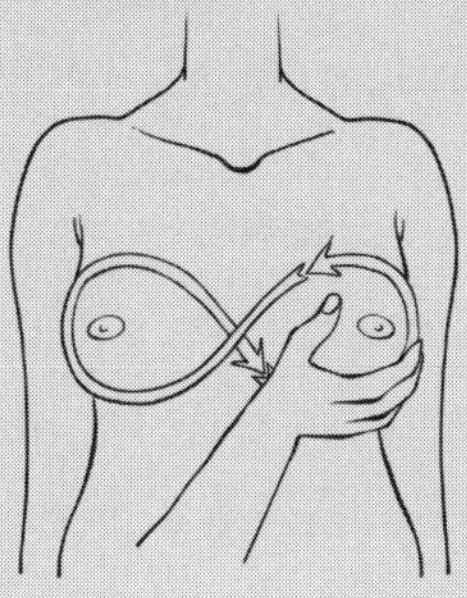

MASSAGE EN HUIT (VOIR DESCRIPTIF P. 61)

Voici un petit rappel. Vous aurez besoin de ces massages tout au long de votre grossesse. Alors apprenez-les par cœur !

Et si vous avez mal aux seins, aux tétons, adoptez des positions dans lesquelles le torse de votre chéri ne vous touche pas. Là, c'est à vous de tester… et de savoir !

## LES PLAISIRS ORAUX : CE QUE VOUS DEVEZ SAVOIR !

Votre sexe va changer de couleur et de goût (prévenez votre conjoint de la normalité de cette situation car la surprise n'est pas forcément très aphrodisiaque…) et certaines femmes trouvent aussi que le sexe de leur partenaire a changé de goût (non, ce ne sont pas les hormones de grossesse du futur père, mais le goût métallique que certaines femmes ont dans la bouche pendant la grossesse).

## LES JEUX COQUINS DU 1er TRIMESTRE

### POUR ELLE

- **Faites-en votre roi !**

Rien de mieux que de commencer à le savonner, par exemple. Beaucoup de femmes enceintes sont obnubilées par le risque d'infections et veulent que tout soit ultrapropre, y compris leur chéri. Lavez-le en commençant par les pieds puis massez-le avec des huiles parfumées.

Pour que son plaisir soit parfait, caressez son pénis en innovant un peu et en utilisant autre chose que vos mains, votre langue ou votre bouche.

Caressez son pénis avec vos seins enduits d'huile, avec vos cheveux et emmenez-le jusqu'à l'orgasme pour qu'il éjacule sur vos seins.

Vous pouvez aussi le surprendre en utilisant un bracelet de perles, une plume pour l'exciter.

- **Faites la liste de ce qui vous rend sexy**

Quelques exemples pour vous aider à compléter la liste.

- Être bien maquillée
- Avoir de jolis dessous
- Faire de l'exercice physique

- Faire du yoga
- Manger dans un bon restaurant : vous allez vous faire belle et vous mettre en condition pour un rendez-vous en amoureux.
- Échanger des petits regards coquins en public.

### POUR LUI

Sachez que votre femme, devenue « femme enceinte », risque de douter de son sex-appeal.

Voici quelques idées pour qu'elle reprenne confiance en ses moyens :

- Dites-lui des mots d'amour (à vous de savoir ce qu'elle aime entendre), cela permet à la femme d'être dans un climat de bien-être, de confiance et de se laisser envahir par les endorphines, les hormones de l'amour qui seront aussi nécessaires le jour J pour le processus de l'accouchement.
- C'est le moment de découvrir ensemble toutes les zones érogènes du corps : de la tête aux pieds en évitant les parties génitales. La toucher sur tout le corps en évitant son sexe, va sans doute faire naître le désir, l'excitation ou une sensation de bien-être propice aux rapprochements.

## LE MASSAGE TANTRIQUE EN QUELQUES CLÉS

Voici une petite séance de découverte.

Préparation de votre séance de tantrisme, pendant laquelle les cinq sens vont être mis à contribution.

- Il faut un endroit confortable : arrangez votre lit avec des coussins moelleux et colorés, ou mettez des couvertures toutes douces sur le sol de votre salon (profitez-en, car dans quelques mois, beaucoup de pièces de votre maison seront interdites à votre pratique sexuelle : l'enfant tant attendu ne sera jamais loin…).
- Soignez l'ambiance en mettant quelques bougies (bio et naturelles de préférence : voir dans le guide shopping).
- Tamisez la lumière : comme pour le jour J de l'accouchement, les endorphines, qui sont les hormones de la relaxation et de l'amour pour vous aider à vous abandonner, ne sont produites que si vous êtes dans des sensations de bien-être.
- Un beau saladier de fruits frais et biologiques selon la saison, à déguster à deux : bananes, fraises, oranges… pour faire le plein de vitamine C.
- Choisissez une musique d'ambiance.

La séance peut commencer.

- Asseyez-vous face à face, encore habillés et regardez-vous les yeux dans les yeux.
- Concentrez-vous sur ce que vous préférez chez l'autre…
- On débute la maithuna par l'éveil du goût, en faisant déguster à son partenaire les fruits préparés.
- Faits attention à votre respiration douce et profonde à la fois…
- Embrassez-vous et déshabillez-vous mutuellement sans cesser de vous toucher… pour éveiller le plaisir.
- Commencez maintenant le massage en partant de la plante des pieds et en vous arrêtant longuement sur la zone de l'énergie sexuelle en bas de la colonne vertébrale (la zone sacro-iliaque).
- Mais vous pouvez aussi improviser en vous laissant aller à vos émotions et vos envies.
- Vous déciderez du bon moment pour passer à la pénétration : vos deux corps réunis, essayez de contenir l'orgasme le plus longtemps possible en restant sur la « phase du plateau » (phase qui intervient au-delà de la phase d'excitation, juste avant l'orgasme). Respirer profondément peut vous aider !
- Monsieur, embrassez son ventre ! C'est lui qui protège votre futur bébé et qui devient donc très sexy, chargé de symbole et de mystère…
- Une idée en plus à la fin de la séance : essayez l'encre magique pour lui écrire un message d'amour *(voir shopping sexy de ma grossesse en page suivante).*

## MES BONNES ADRESSES

### SHOPPING SEXY DE MA GROSSESSE

- **Body Paint Chocolat :** 9,90 euros (100 ml).

Cette délicieuse peinture comestible apporte à vos jeux amoureux une touche de sensualité gourmande.

À l'aide du pinceau, recouvrez le corps de votre partenaire de cette savoureuse peinture puis effleurez-le de votre langue pour d'exquises caresses.

En vente sur **www.shopmania.fr**

- **Tortue vibrante :** 23,90 euros

Tortue vibrante verte et rose waterproof, discrète dans votre salle de bains, elle reste à portée de main pour un moment de détente. Une simple pression sur son dos permet de déclencher les vibrations.

Longueur : 15 cm. Hauteur : 11 cm. Fonctionne avec 2 piles AA. Article non toxique, ne contient pas de phtalates.

En vente sur **www.aumoulinrose.com**

- **Gel lubrifiant au goût de pina colada :** 7,15 euros

Pimentez vos jeux amoureux avec le gel Durex Play Pina Colada et découvrez des plaisirs coquins, gourmands et inédits au délicieux goût de pina colada.

Ce gel est comestible pour le plus grand plaisir des deux partenaires… Et parce qu'il est sans sucre, vous pourrez en abuser autant que vous voulez…

En vente sur **www.durex.fr** ou en pharmacie.

- **Lingerie sexy - soutien-gorge de maternité « Little candy » en couleur poudre et moka :** 54,90 euros et le shorty de maternité 32,90 euros (par exemple car il y a d'autres modèles !)

Rien de mieux qu'une lingerie adaptée à la maternité ou à l'allaitement qui va vous soutenir la poitrine, devenue plus lourde et sensible.

C'est quand même plus engageant que de garder un soutien-gorge de sport, non ?

En vente sur **www.madeinfemmes.com**

## LES RECETTES SEXY…

### BŒUF SAUTÉ AU GINGEMBRE

Un classique mais qui a l'avantage de se préparer en quelques minutes car le désir n'attend pas !

***Ingrédients :*** *600 g de filet de boeuf, 3 c. à c. de sauce soja, 3 c. à c. de vin de riz ou de xérès sec, 1 c. à c. d'huile de sésame, 1 c. à c. de Maïzena, 50 g de gingembre frais, 3 c. à s. d'huile d'arachide, 1 c. à s. de bouillon de poulet, 1 c. à c. de sucre en poudre, sel, poivre blanc au moulin.*

- Coupez la viande en très fines et assez longues lanières.
- Dans un récipient, mélangez la sauce soja, le vin de riz, l'huile de sésame, la Maïzena.
- Ajoutez la viande, malaxez bien le tout et laissez mariner ainsi 20 minutes.
- Pelez et hachez finement le gingembre. Réservez.
- Versez dans un wok 2 cuillères à soupe d'huile d'arachide, puis portez sur feu vif. Quand l'huile commence à fumer, jetez-y aussitôt la viande. Faites-la sauter pendant 2 minutes en remuant avec une spatule en bois.
- Déposez la viande sur un plat. Essuyez bien le wok avec du papier absorbant, faites-y chauffer, toujours sur feu vif, l'huile restante. Ajoutez le gingembre, le bouillon, le poivre et le sucre. Remettez le bœuf, réchauffez. Servez.

## GHRIBIYA

***Ingrédients :*** *150 g de beurre, 150 g de sucre glace, 300 g de farine, 1 c. à s. d'eau de fleur d'oranger, pistaches, amandes ou pignons pour la décoration.*

- Mélangez le beurre fondu, le sucre glace et l'eau de fleur d'oranger pour leur donner une consistance mousseuse et de couleur claire.
- Ajoutez la farine, et mélangez à la main pendant 5 minutes.
- Placez la pâte au réfrigérateur pendant 30 minutes.
- Préchauffez votre four à 180 °C (th. 6), formez de petites boulettes et placez-les sur une plaque recouverte de papier de cuisson. Placez une pistache, une amande ou un pignon sur chacune des boulettes de ghribiya. Faites cuire 15 à 20 minutes, sortez du four et roulez les boulettes dans du sucre glace.
- Laissez refroidir et savourez.

*D'autres recettes de gâteaux sur* ***http://swirlandscramble.blogspot.com*** *(en anglais mais assez faciles et avec de belles photos).*

## PHILTRE D'AMOUR «AUTHENTIQUE»

Les plus romantiques, adeptes des philtres d'amour, choisiront de réaliser cette recette d'antan, utilisée par les amants depuis des siècles.

***Ingrédients :*** *2 gousses de vanille, 1 litre de lait, 2 c. à s. de cacao, 4 c. à s. de miel, 1 pincée de poivre de Cayenne, 1 verre de rhum brun.*

- Faites chauffer les gousses de vanille dans le lait pendant 10 minutes. Retirez les gousses, pressez-les pour en extraire le suc et grattez l'intérieur pour récupérer les petites graines.
- Délayez le cacao dans un peu d'eau puis ajoutez le lait chaud. Remuez bien.
- Ajoutez le miel. Incorporez le poivre de Cayenne et le rhum.

Les effluves de cette douce préparation chocolatée vous emmèneront vers les chemins de l'amour. Sa consommation promet aux amoureux, des instants féeriques et sensuels inoubliables.

*Et n'oubliez pas la recette de cosmétique sexy p. 62 !*

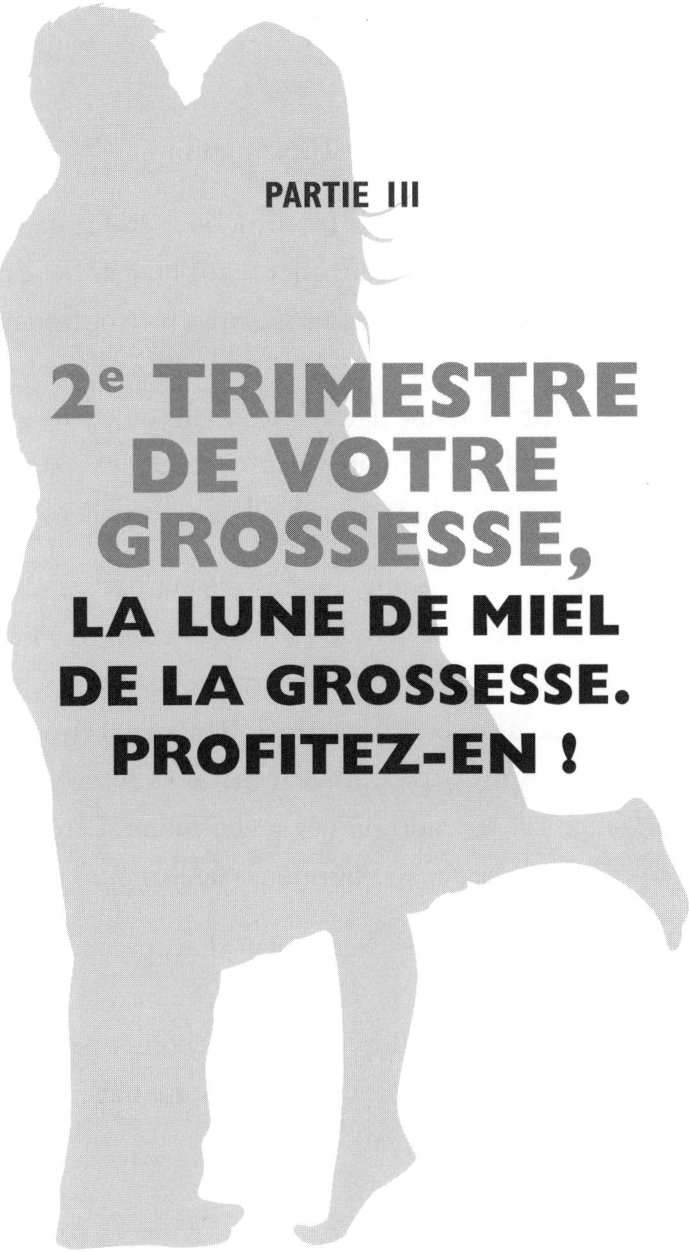

## PARTIE III

# 2e TRIMESTRE DE VOTRE GROSSESSE,

# LA LUNE DE MIEL DE LA GROSSESSE. PROFITEZ-EN !

# État des lieux

**Vous.** Vous allez vous sentir BIEN… enfin !

C'est la fin des nausées, le moment où le risque de fausse couche s'éloigne, où vous allez sentir bouger Bébé pour la première fois (dès la 14e semaine si ce n'est pas votre première grossesse, ou plus souvent entre la 18e et la 20e semaine). Vous allez vous sentir épanouie dans tous les sens du terme : votre ventre va s'arrondir, votre poitrine aussi, vous allez vous sentir en forme, plus désirable et votre libido va redécoller !

Même si Bébé se fait de plus en plus présent par ses mouvements, et par l'image de lui que vous allez découvrir à l'échographie, gardez à l'esprit qu'il reste protégé dans sa poche des eaux, et vos ébats ne vont pas le gêner. Il ne va pas être touché par le sexe du futur papa. En revanche, il va recevoir, via le cordon ombilical, les endorphines, les hormones sécrétées par le bien-être, appelées aussi « hormones de l'amour ».

Le deuxième trimestre est le moment de votre grossesse où vous apprendrez, peut-être, ce que signifie un bel orgasme, et même les orgasmes multiples. Alors, débordée par le désir, fière de vos nouvelles formes, de sentir votre bébé, suivez le guide pour en profiter à deux !

## Au 2e trimestre le désir peut augmenter et votre corps change :

☺ Les vaisseaux sanguins sont dilatés, votre clitoris et les grandes lèvres deviennent alors plus gros que d'habitude. Les rêves érotiques et les fantasmes sont très particuliers pendant la grossesse, vous allez vous sentir plus épanouie.

☺ Les œstrogènes montent en flèche et votre vagin est très lubrifié.

☺ La progestérone va vous détendre mais aussi vous rendre tête en l'air, parfois trop zen…

☺ Vos seins deviennent de plus en plus gros, lourds, et vos tétons sont très sensibles.

☺ Votre teint est lumineux !

## Le désir peut aussi diminuer :

☹ Les futurs parents peuvent avoir peur de blesser le bébé, de le déranger en faisant l'amour.

☹ Le futur père peut vivre plus difficilement les transformations physiques de sa femme, qu'il voit se changer peu à peu en mère.

☹ De nouveaux maux de grossesse peuvent apparaître : crampes, ballonnements, hémorroïdes…

### Mon conseil de doula

Pour certains futurs parents, l'idée que le bébé puisse «voir» la sexualité de ses parents peut être à frein à la sexualité : écoutez-vous et si vous ne pouvez pas avoir des rapports avec pénétration car cela vous gêne, n'oubliez pas de rester connectés sensuellement, de continuer à communiquer autrement.

PAROLES DE PAPA

**Antoine, papa de Léna, 6 mois**

«Ma femme était splendide dès le début de la grossesse. Mais j'avais peur de lui faire mal ou de provoquer une fausse couche. Elle a été de plus en plus épanouie à mesure de l'avancée de sa grossesse. J'ai décidé de reprendre des relations sexuelles au 5e mois pour profiter de ses hormones et de son enthousiasme. Notre sexualité est restée épanouie après la naissance de notre fille.»

***À savoir : l'activité sexuelle a un effet protecteur contre les accouchements prématurés ! Sauf bien sûr en cas de contractions et de saignements : votre médecin vous interdira les relations sexuelles dans ce cas.***

Notez que les contractions orgasmiques ne vont pas déclencher le travail de l'accouchement sauf si celles-ci ne s'arrêtent pas. Souvent Bébé va être actif pendant le rapport ou juste après car il réagit aux contractions utérines provoquées par l'orgasme. Dans ce cas il faut vous inquiéter seulement si les contractions ne s'arrêtent plus, si vous perdez plus que quelques gouttes de sang ou du liquide amniotique.

### Votre futur bébé

Au début de ce trimestre : il a la taille d'un pamplemousse, puis d'une bouteille d'eau et d'un gros pain à la fin du 6e mois.

# Quelle future maman sexy se cache en vous au 2e trimestre ?

Chaque trimestre a ses particularités concernant l'impact de la grossesse sur la sexualité.

Mais comme toutes les futures mamans et futurs papas sont différents, l'important est de découvrir comment rester connectés sexuellement, sensuellement, que vous soyez enthousiastes tous les deux de découvrir une libido exacerbée, ou juste en quête de « la position qui marche », comme pour Sylvie :

> « À quatre pattes sur le lit où mon bébé ne pouvait pas être comprimé, mon homme derrière moi et pouvant contrôler la profondeur de la pénétration. Moi ? Je donne le rythme. »

Ou peut-être encore êtes-vous de ces couples qui ne souhaitent pas maintenir leur lien amoureux avec une nouvelle sensualité, car ils sont trop inquiets pour le bébé (même, parfois, en sachant que Bébé ne risque rien !).

Comme toujours, découvrir la maman sexy qui est en vous vous permettra de rester la même tout en vous adaptant à la grossesse.

Voici quelques portraits de futures mamans au deuxième trimestre. Et pour celles qui veulent mettre cette phase de leur vie sexuelle au repos, rendez-vous à la partie consacrée aux moments d'intimité ! Il ne s'agit pas de laisser de côté toutes les autres façons de rester connectés, mais d'essayer de vous « stimuler » sexuellement et mutuellement.

- Celle qui profite de la fin des nausées, du retour de l'énergie pour demander des câlins… à nouveau !

**Sophie, 42 ans, enceinte de 5 mois et maman d'Emma**

« Il m'a fallu attendre le cinquième mois pour être moins fatiguée. Au premier trimestre on tombait de fatigue tous les deux car avec notre fille d'un an à peine, plus aucune chance de faire la grasse matinée pour récupérer. Maintenant, les câlins sont revenus tout naturellement. J'ai même des périodes de fringale sexuelle grâce à l'afflux d'hormones. »

- Celle dont la présence plus concrète du bébé (on peut enfin annoncer la grossesse à ses proches, on commence à sentir les mouvements de Bébé…) va renforcer la libido.

**Laure 35 ans, enceinte de son troisième enfant**

« Au deuxième trimestre, nous avons découvert comment faire durer les préliminaires pour limiter la pénétration car on ne pouvait le faire que dans une position : le père en dessous ! Le fait que le bébé commence à bouger nous a amusés. On se disait qu'il prenait un peu de notre plaisir à chaque fois. »

- Celle qui est perturbée par la présence du bébé et stressée à l'idée de faire l'amour avec ce gros ventre qui rappelle que Bébé est littéralement entre les futurs parents.

**Ève, 27 ans, enceinte de 6 mois de son premier bébé**

« J'ai attendu presque un an avant d'être enceinte. Et nous étions tellement heureux que la libido était exponentielle au début, mais quand nous avons vu pointer mon petit ventre, on a eu des difficultés à oublier notre futur bébé pendant l'amour. On se demandait ce que ce petit témoin pouvait ressentir d'être entre ses parents. Même si on sait que c'est normal, on ne peut pas s'empêcher de se demander quel impact cela peut avoir malgré tout. On se dit qu'on se rattrapera après et on reste tous les deux à l'écoute de l'autre dans une relation très érotique quand même. »

- Celle qui voudrait bien que le futur papa s'occupe d'elle mais qui a en face d'elle un homme qui ne la considère plus que comme une future mère, en train de construire son bébé, sa descendance.

**Anna, enceinte de 7 mois de son premier bébé**

« Mon mari a très vite trouvé mes formes généreuses très jolies. Mais je lui faisais davantage penser à une mère qu'à une amante. Pour lui, c'est la preuve que notre bébé est en pleine construction et il a peur de venir perturber mon travail. J'ai l'impression d'être devenue juste une machine à procréer. Il ne parle que d'échographies, cours de préparation à l'accouchement et il veut me ménager, mais moi je veux qu'il m'aime comme avant et je ne sais pas quoi faire. »

## Mon conseil de doula

Que votre libido ait repris le dessus, que vous ayez envie de faire l'amour 24 heures sur 24 ou au contraire que la présence de votre futur bébé vous gêne dans votre intimité, vous êtes une femme normale mais surtout restez dans la communication. Dites au futur papa ce dont vous avez envie (ou pas), parlez de vos peurs concernant l'accouchement, de vos futurs rôles de parents.

# Et le futur papa dans tout ça ?

**Le mari d'Anna, enceinte de 7 mois**

« Il m'est de plus en plus compliqué d'aller avec Anna aux cours de préparation à l'accouchement, où l'on m'explique tout sur l'anatomie féminine, puis de passer au Kama-sutra de grossesse. »

Il n'est pas rare, au deuxième trimestre, que les futurs pères se sentent un peu exclus du processus de la grossesse. À ce stade, la future maman entre pleinement dans son quotidien et dans son rôle de femme enceinte : ventre très rond, insomnies, préparations à l'accouchement. Tout est axé sur elle… Pourtant, elles sont nombreuses à se sentir délaissées, malgré les hormones qui boostent leur libido.

Alors, futur papa préoccupé par le bien-être de votre bébé et obsédé par l'idée d'une grossesse parfaitement menée, savez-vous que faire l'amour à votre femme peut même l'aider à préparer son accouchement ? Eh oui, votre pénis en elle peut l'aider à faire ses exercices de Kegel (du nom du médecin qui a inventé une méthode pour tonifier et renforcer le plancher pelvien).

## ☐ LES EXERCICES DE KEGEL À FAIRE… AU LIT ET À DEUX (MÊME SI LA FUTURE MAMAN S'ENTRAÎNE SEULE POUR SE FAMILIARISER AVEC LA PRATIQUE)

Le futur papa ne doit pas bouger pendant l'exercice. Contractez à plusieurs reprises les muscles de votre périnée quand son pénis est à l'intérieur de votre vagin. Cet exercice va permettre au futur père de se sentir utile pendant la grossesse, et cela va augmenter la connexion entre les futurs parents. Cela peut même être amusant : faites-le comme un jeu ! Une fois l'exercice terminé, il va de soit que vous pouvez quand même continuer le câlin !

---

**Éric, 27 ans**

« Ma femme, enceinte de 5 mois, pense que je suis devenu capricieux car je dois lui réclamer les câlins, qu'elle me donne à contrecœur. J'ai l'impression qu'elle a changé depuis sa grossesse. Nous n'arrivons pas à rester juste des amants. »

### Parole d'expert

**Daniel André, psychanalyste à Paris, explique comment la grossesse chamboule le couple.**

« L'impact psychique du fait d'être enceinte se manifeste par trois évolutions. D'abord, une sexualité dont l'intimité n'est plus la même : en effet la relation sexuelle duale n'existe plus. Ensuite, le fœtus occupe déjà la place d'un être en voie d'existence. Enfin, l'identité sexuelle de l'homme et de la femme est troublée. Chacun se voit projeté dans une fonction psychologique nouvelle : on devient déjà père et mère. »

## PLEINE DE DÉSIRS

### L'ORGASME DU 2e TRIMESTRE

Vous allez vous sentir dans une forme sexuelle olympique, comme vous n'en avez sans doute jamais connu.

Si vous n'avez pas encore eu d'orgasmes, ni découvert que vous pouviez en avoir plusieurs de suite, l'une des meilleures positions pendant ce deuxième trimestre est la levrette « spéciale grossesse ».

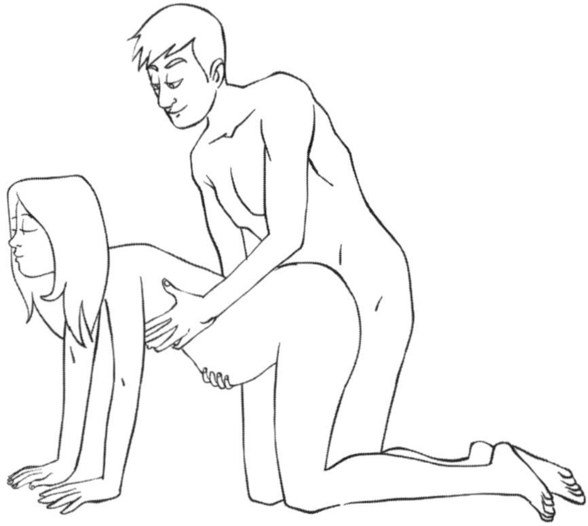

LA LEVRETTE SPÉCIALE GROSSESSE

À quatre pattes sur le lit, en appui sur les mains, cambrez le bassin. Vous libérez ainsi votre ventre qui n'est pas comprimé (on peut d'ailleurs le faire reposer sur un coussin). Le futur papa s'agenouille derrière et vous pénètre. C'est toujours vous qui choisissez le rythme mais la pénétration est assez profonde. Avec ses mains, le futur papa peut vous caresser les seins, bercer votre ventre…

C'est une position bien adaptée à la stimulation du point G. Et même si l'existence de celui-ci est sujette à débats, vous pouvez essayer de le trouver : il devrait se trouver à quelques centimètres de l'entrée du vagin ; c'est une petite partie rugueuse comme une peau d'orange qui, quand elle est frottée par le pénis ou par masturbation peut vous mener tout droit à l'orgasme.

### Mon conseil de doula

Rien de mieux pour votre sexualité que de partir à la découverte de votre anatomie.

Juste pour la petite anecdote : j'ai entendu parler pour la première fois d'ateliers de « découverte de son vagin » dans le film américain *Beignets de tomates vertes*, petit chef-d'œuvre de 1992. On y voit Kathy Bates en Américaine moyenne, qui essaye de relancer la libido de son mari et d'apprendre comment fonctionne son propre plaisir pour prendre confiance en elle, en son pouvoir de séduction… et ça marche !

Pour commencer, essayez d'observer votre clitoris puis votre vagin à l'aide d'un petit miroir. Vous saurez ainsi ce que voit votre sage-femme, votre gynécologue pendant les consultations. Cela va vous aider à prendre confiance en vos capacités de femme à donner la vie, mais aussi en vos capacités d'amante. Oui, votre sexe peut être beau et désirable même pendant la grossesse, vous restez une femme, une future maman sexy.

## CE QUE L'AMOUR ET LA SEXUALITÉ APPORTENT DE POSITIF À VOTRE GROSSESSE

Comme pour le premier trimestre, rester ouverte à la sexualité va vous aider à vous sentir plus femme, plus belle et plus sûre de vous et cela va avoir un impact sur votre bien-être pendant cette grossesse.

Restez souriante, contente de porter la vie, d'attraper toutes les ondes positives au cours de votre journée pour rester connectée à la femme que vous êtes : sensuelle et sexuelle à la fois !

Et puis, savoir que vous sécrétez plein d'endorphines quand vous faites l'amour devrait vous pousser à en abuser.

## 10 BONNES RAISONS DE FAIRE L'AMOUR AU 2e TRIMESTRE

1. Vous allez vous sentir plus sûre de vous.
2. Faire l'amour combat le stress en vous relaxant.
3. Adapter votre sexualité à votre « nouveau corps » plein de rondeurs, va vous aider à découvrir de nouvelles positions sexuelles, des séances de caresses.
4. Faire l'amour est un excellent somnifère et va vous aider à lutter contre les insomnies (encore un des maux de la grossesse très courants à partir du deuxième trimestre).
5. Vous allez avoir besoin de votre partenaire pour préparer l'accouchement. Rester ouverte à la sexualité vous permet de rester connectés émotionnellement. Impliquer le futur papa dès maintenant va vous aider à former une équipe soudée le jour J : paroles rassurantes, massages, maternage de la maman sera plus facile si le futur papa fait partie du processus et que vous vous occupez de lui physiquement aussi.
6. Faire l'amour va participer à avoir un meilleur accouchement avec un travail plus bref.
7. Cela vous rendra de meilleure humeur (*no comment* !).
8. Moins de fatigue : faire l'amour ne fatigue pas et vous permet au contraire de recharger votre énergie et de garder un bon niveau d'immunité.
9. Bébé reçoit toutes les hormones du plaisir aussi !
10. Pour vous aider à rester en forme : avoir des relations sexuelles va brûler les calories superflues si vous ne voulez pas vous mettre au sport.

# Profitez de votre poitrine !

La sensibilité de la poitrine est l'un des premiers signes de la grossesse. Mais au deuxième trimestre vos seins vont devenir de plus en plus fermes et de plus en plus gros, métamorphosés ! Et pour celles qui ont des petits seins, cela promet d'être une véritable découverte. Cela a été le cas pour Iris :

> «J'ai en temps normal des petits seins, mais pendant toutes mes grossesses, mes seins sont énormes et mon mari en a profité pleinement. Le seul petit bémol est que les seins retrouvent leur taille initiale après la naissance et l'allaitement. Il faut vraiment profiter de l'érotisme des seins pendant la grossesse.»

## PRENDRE SOIN DE SES SEINS

Pour profiter de votre décolleté plus que voluptueux pendant les galipettes et utiliser vos seins en faisant l'amour, chouchoutez-les !

Les seins sont toujours aussi sensibles et lourds au deuxième trimestre mais ils ne sont plus douloureux.

Il faut garder votre belle poitrine de jeune fille en vous tartinant d'huile antivergetures adaptée à la grossesse, puis masser par effleurage. On part de la base des seins en remontant vers les omoplates et la base du cou.

Le futur papa peut s'en charger et c'est une bonne idée de préliminaires. Pour certaines femmes comme Ève, la stimulation des seins conduit directement à l'orgasme de façon quasi automatique depuis le début de la grossesse, alors qu'elle a du mal à se laisser pénétrer.

**PAROLES DE MAMAN**

**Ève, 27 ans, enceinte de son premier bébé**

« C'est mon mari qui prend soin de ma poitrine en me prodiguant des massages le plus souvent possible. Il caresse ma poitrine en l'englobant de ses paumes et je prends à chaque fois un vrai plaisir. C'est incroyable, car cela me procure de vrais orgasmes. »

Continuez à faire les massages des seins que vous avez appris lors du premier trimestre. Voici un rappel.

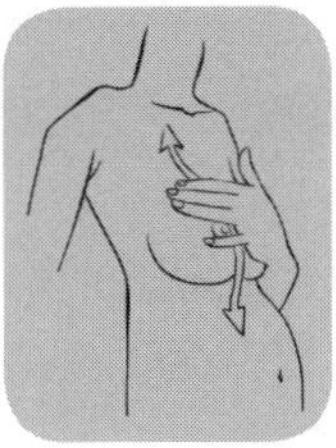

L'EFFLEURAGE (VOIR DESCRIPTIF P. 60)

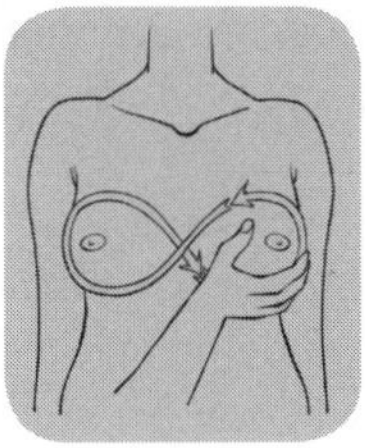

MASSAGE EN HUIT (VOIR DESCRIPTIF P. 61)

Il est important de bien choisir sa lingerie de maternité pour prévenir les vergetures et avoir un excellent maintien.

Caroline Taris, créatrice des marques « Made in Femmes » et « Mademoiselle Mum », explique l'importance de se sentir sexy pendant la grossesse et donne des conseils pour bien choisir de beaux sous-vêtements sexy.

> « On s'apprête à devenir mère mais on ne se transforme pas en citrouille pour autant. Si on a toujours été coquette, habituée à se maquiller, à porter de la jolie lingerie, à faire attention à son apparence, on ne change pas ses habitudes lorsque l'on devient femme enceinte. La lingerie est le reflet du moi intime. C'est d'une certaine façon la mère que l'on veut être : bobonne-bigoudis-culottes de grand-mère ou sexy-fashionista qui met en valeur ses courbes et son décolleté de rêve. »

## Mes conseils de doula

- Il faut une lingerie de grossesse spécifique car la poitrine a besoin d'un excellent maintien avec une forte proportion d'élasthanne (15 %), des bonnets doublés sans coutures apparentes pour respecter la fragilité des bouts de seins, des bretelles très nerveuses et bien larges, des armatures souples et confortables, une forme de dos « cheminée » pour le maintien de la poitrine.
- Pour le bas aussi ! Rien de mieux que choisir des slips, shortys et strings de maternité aux formes étudiées pour la grossesse, qui ne vont pas casser votre belle silhouette aux formes généreuses et qui passent sous le ventre.

# Soignez les maux de grossesse qui gênent votre sexualité

La fin des nausées ne signifie pas la fin de tous vos maux… de grossesse.

Certains peuvent vous empêcher d'avoir des rapports épanouis… de peur d'avoir mal, de ne pas être à l'aise. Voici un petit récapitulatif pour vous aider à trouver des remèdes naturels et vous redonner envie de vous laisser aller à la sexualité.

## HÉMORROÏDES

Encore une hormone de grossesse qui est responsable de ce petit problème qui peut gêner votre sexualité : la relaxine.

La relaxine va détendre tous vos muscles pour préparer votre corps à l'accouchement mais aussi favoriser les hémorroïdes.

### À FAIRE POUR LES ÉVITER :

- de l'exercice régulièrement,
- manger des aliments riches en fibres (avoine, son, aliments complets),
- éviter la constipation.

**SI LES HÉMORROÏDES SONT LÀ :**

- Appliquez des compresses d'eau froide, du gel d'aloe vera (bio et composé de 100 % d'aloe vera) ou essayez l'hydrolat d'hamamélis (ou eau florale, à acheter en magasin bio) en compresse locale ou en bain de siège. Son effet astringent va relancer le retour veineux. Demandez conseil à un médecin homéopathe si cela reste douloureux.

Grâce à ces petits remèdes, vous allez être plus disposée à la sodomie. Mais si les hémorroïdes demeurent, expliquez à Monsieur que la sodomie dans ces conditions, ce n'est vraiment plus un plaisir…

## JAMBES LOURDES

Surélevez vos jambes pendant vos moments de repos et prenez des bains tièdes en y ajoutant du phosphate de magnésium (à demander à votre pharmacien).

## PEAU SÈCHE

On opte pour des massages quotidiens avec des huiles naturelles bio de préférence : huile de noyau d'abricot à l'odeur délicieuse, huile de calendula aux propriétés cicatrisantes ou avec du beurre de cacao pour éviter vergetures ou démangeaisons.

## LES SEINS LOURDS

Ils se préparent doucement à l'allaitement. Pensez à prendre soin d'eux. On évite les bains trop chauds. On termine la douche avec un petit jet d'eau fraîche et on n'oublie pas de les enduire d'huile. Le futur papa peut s'en charger et sucer vos seins pour vous habituer à la sensation de la succion…

# Partagez des moments d'intimité sur un nouveau rythme

Cela vous sera très utile aussi quand Bébé sera là avec ce que cela comporte de changements dans vos habitudes amoureuses : on se cale par la force des choses sur « l'horloge bébé », on doit trouver de nouvelles idées pour avoir un peu d'intimité en très peu de temps – car, oui, les bébés font des microsiestes et se réveillent au moment où vous commenciez à vous embrasser langoureusement… – et on est beaucoup plus fatigués qu'avant, quand on avait une vie de jeune couple insouciant.

Voici quelques idées à appliquer dès maintenant pour prendre les bonnes habitudes de jeunes parents :

- La masturbation par vous-même ou par votre partenaire va améliorer votre humeur et la qualité de votre sommeil.
- On lit le Kama-sutra ensemble et on y pioche quelques idées : les baisers, la chambre d'amour…
- On se met à la littérature érotique.
- On soigne les rituels et l'environnement propices à l'amour : je mets des jolis coussins colorés, je dépose quelques gouttes d'huile essentielle sur un coton dans la chambre à coucher. Je vous conseille particulièrement l'orange douce. Cette huile essentielle est utilisée dans

certaines maternités pour vous aider pendant le travail de l'accouchement. C'est un pur moment de détente qui va mettre vos sens en éveil.

## LE MASSAGE PRÉNATAL : INCONTOURNABLE !

Le massage va être votre allié du deuxième trimestre. Se faire masser aide à mieux dormir, à vous rendre plus zen en vous détendant, en relaxant vos muscles, à soulager les maux de dos mais aussi à vous sentir plus proche en tant que couple. Le futur papa, en vous massant, va participer pleinement à la grossesse : il va vous enduire d'huile naturelle pour nourrir votre peau qui souffre de sécheresse (et parfois de démangeaisons) mais il va aussi entrer en contact avec son futur bébé, qui donne quelques petits coups pour répondre aux massages... Les massages eux-mêmes sont très érotiques et peuvent devenir de parfaits préliminaires.

### Mon conseil de doula

La pratique du massage va préparer votre corps à l'accouchement. En effet, en touchant vos muscles, en vous aidant à vous relaxer souvent, cela vous aidera à mieux gérer les contractions le jour de l'accouchement, mais aussi à rester connectée au futur papa afin de produire toutes les endorphines nécessaires pour accoucher en toute sérénité.

## Parole d'expert

**Jodie Esposito de www.ococoon.fr, propose des massages non thérapeutiques pour les femmes enceintes et aussi pour les bébés.**

« Durant la grossesse, vous pouvez conserver, ou développer vos liens par le massage. En effet, la pratique régulière du massage a une grande influence au niveau du lien d'attachement : il augmente la sécrétion de l'ocytocine, l'hormone qui permet l'attachement.
Pour ce faire, pas besoin d'être un professionnel, il vous suffit de vous faire confiance, d'être à l'écoute l'un de l'autre, et d'avoir envie.
Vous pouvez masser le corps dans son ensemble avec des huiles, ou lorsque, pour des raisons physiologiques (ventre encombrant, fatigue accrue...), les femmes ne peuvent plus assurer un massage complet, vous pouvez vous focaliser sur les mains, les pieds, ou le crâne. L'important étant d'échanger.
En massant, en vous faisant masser, vous allez retrouver le plaisir d'habiter votre corps, de vous abandonner, de donner et de recevoir, de vous sentir plus vivant, plus ouvert.
Car un massage ne consiste pas uniquement en une série de mouvements à faire, il est d'abord communication avec l'autre, dialogue avec son corps.
Avec la pratique, vous retrouverez les gestes instinctifs pour détendre et soulager ; votre intuition guidera vos mains. »

***À savoir : toutes les techniques de massage peuvent être adaptées aux femmes enceintes : shiatsu, ayurvédique, californien, etc. ; le principal étant de trouver le praticien qui vous convient, car c'est avant tout une relation d'écoute et de confiance.***

Les massages se pratiquent à partir du quatrième mois de grossesse, la plupart du temps allongée sur le côté, calée à l'aide d'un Corpomed (coussin d'allaitement) ; ainsi toutes les parties du corps peuvent être travaillées.

Ils sont doux, profonds et enveloppants. Il est important de choisir un masseur expérimenté, car certains points de pression utilisés dans les massages classiques peuvent avoir une action nocive pour la grossesse.

> **Attention !** On utilise une huile végétale bio neutre sans odeur, et pas d'huiles essentielles sans les conseils d'une personne compétente et jamais les trois premiers mois. Rien ne vous empêche de déposer 3 gouttes d'huile essentielle de citron sur un mouchoir… à respirer en cas de nausée par exemple.

Les avantages du massage prénatal sont nombreux :

- apporte soutien émotionnel et contact nourrissant ;
- relaxe et réduit l'insomnie ;
- détend les articulations supportant le poids, comme les chevilles, le bas du dos et le bassin ;
- soulage les douleurs dorsales et du cou ;
- aide à maintenir une posture appropriée ; et à apprivoiser et accepter les changements corporels ;
- prépare les muscles utilisés pendant l'accouchement ;
- réduit le gonflement des mains et des pieds ;
- diminue les douleurs sciatiques ;
- réduit les crampes des mollets ;
- répond au besoin de se faire materner ;

- favorise un contact plus étroit entre la mère et le bébé car le fœtus est sensible à l'état de la mère et réagit aux stimuli ambiants dès le quatrième mois, selon les travaux de Françoise Dolto ;
- soulage les maux de tête et la congestion des sinus.

En plus du fait que le massage pendant la grossesse est naturellement agréable, il y a beaucoup d'autres avantages pour la future maman et son bébé. D'après une étude entreprise par le Dr Tiffany Field, de l'école de médecine de l'université de Miami, le massage diminue réellement les hormones du stress dans le corps. Or, des chercheurs du CNRS ont mis en évidence qu'une période de stress maternel pendant la grossesse était une situation reconnue responsable de retard de développement neurologique, d'hyperémotivité, de troubles du sommeil chez les enfants. Aussi, l'état psychologique de la mère, en particulier son niveau d'anxiété au cours de la grossesse, peut influencer le développement du fœtus.

## LE YOGA PRÉNATAL POUR UNE SEXUALITÉ ÉPANOUIE

Le yoga est un art séculaire venant de l'Inde qui favorise la découverte de soi par des postures simples, la conscience de la respiration et la détente.

C'est une pratique holistique qui va agir sur tout votre être aussi bien sur le plan physique que psychologique.

## Parole d'expert

**Gina Scarito, créatrice de « Yoga Graciosa » à Bruxelles, et maman de quatre enfants, a créé des séances de yoga prénatal. Elle forme aussi de nombreux professionnels.**

« Faire du yoga prénatal est utile pour explorer le bassin, le périnée et apprendre à en jouer pour aider au passage du bébé, avoir des repères pour tonifier le périnée après l'accouchement mais aussi pour accroître son potentiel énergétique et connaître une sexualité épanouie.

Le yoga peut se pratiquer, à l'instar d'autres activités comme la calligraphie ou la cérémonie du thé, pour célébrer la vie et aider à faire face à l'instant. »

## Mon conseil de doula

Ces positions de yoga vont vous aider à vous sentir bien, à vous mettre en confiance dans votre nouveau corps de femme enceinte et à être épanouie sexuellement grâce à des postures confortables tout au long de la grossesse même pour les câlins.

---

**PAROLES DE MAMAN**

**Anne, 25 ans, enceinte de 6 mois et qui prépare son accouchement grâce au yoga prénatal**

« J'ai pris conscience de mon corps et de ses changements. J'ai surtout réussi à me sentir moins inhibée, plus créative dans ma sexualité. »

## ON S'OFFRE UNE BABYMOON : REPARTEZ EN LUNE DE MIEL AVANT L'ARRIVÉE DE BÉBÉ

Souvenez-vous de votre lune de miel, ou, si vous n'êtes pas mariés, de vos premiers moments en amoureux.

Repensez à votre « passé sexuel » qui n'est pas si loin. Être ensemble dans un cadre magique, une thalasso, un spa luxueux peut vous aider à profiter d'être tous les deux réunis avant l'arrivée de Bébé. Mais pas besoin de partir loin pour retrouver une intimité.

Un truc pour en profiter encore plus : répétez-vous que vous êtes enceinte ! Plus besoin d'être concentrés sur l'objectif bébé ou sur l'idée de « faire attention » comme au début de votre rencontre… amusez-vous l'esprit libre.

### LES 10 RAISONS POUR S'ÉVADER EN BABYMOON

1. Parce que vous pouvez encore partir tous les deux très facilement (sans penser à la baby-sitter si vous n'avez pas d'autres enfants, aux heures à prévoir pour remplir le congélateur de lait maternel…).
2. Passer du temps dehors.
3. Se REPOSER encore plus (oui, la grossesse est un travail difficile).
4. Du temps pour penser à votre vie de femme qui va se transformer en vie de mère (mais toujours en restant une maman sexy bien sûr).
5. Penser, rêver à votre vie de parents : quels parents devenir en restant amants !

6. Passer des moments romantiques à outrance : dîners aux chandelles, massages couple…
7. Se promener main dans la main tous les deux… insouciants.
8. Observer les bébés et les enfants que vous allez croiser au restaurant, sur la plage…
9. Avoir un petit goût d'aventure même près de chez soi.
10. Recharger son énergie : rien de tel qu'un bon smoothie bourré de vitamines, une grasse matinée, une nuit torride.

Le concept est né aux États-Unis en 1996 où il est apparu dans le livre *The Year After Childbirth*, de Sheila Kitzinger. Mais depuis quelques années, ce terme de Babymoon désigne les lunes de miel prénatales que les futurs parents s'offrent dans des hôtels de luxe, des spas, des thalassothérapies pour profiter de leur vie de couple avant l'arrivée de Bébé.

Comme les babymoon sont assez peu répandues en France, je vous conseille de les organiser à votre façon pour vous retrouver au calme, en amoureux avant la naissance de votre enfant.

***Pour aller plus loin***

✓ **www.baby-moon.eu**

Voici quelques exemples de babymoon que vous pouvez trouver sur ce site.

**Un week-end à Venise :**

- Deux nuits en chambre double avec vue sur la lagune, et surclassement à l'arrivée dans la mesure des possibilités. En moyenne 250 euros par personne.
- Petit déjeuner complet servi en chambre ou au restaurant.
- Transfert au retour vers la gare ou à l'aéroport de Venise.
- Une bouteille de Spumante (pour papa seulement !), des fruits et des fleurs dans votre chambre à l'arrivée.
- Deux repas dans les restaurants, déjeuner ou dîner (boissons en sus).
- Un massage pré-maman.
- Un livre sur la maternité.
- Un cadeau pour le bébé à venir.

**À Saint-Paul-de-Vence :**

- Deux nuits en suite junior (forfait Babymoon, à partir de 945 euros).
- Cocktails de bienvenue sans alcool.
- Petit déjeuner buffet ( ou en chambre si vous le désirez).
- Dîner aux chandelles avec trois plats (boissons en sus).
- Cadeau pour la future maman.
- Massage future maman d'une heure dans votre chambre.
- Rencontre avec nos chefs, qui vous donnent recettes et suggestions pour les repas de Bébé.
- Chambres de catégories supérieures disponibles sur demande.

## ET AUSSI...

La babymoon est le moment idéal pour prendre soin l'un de l'autre avant l'arrivée de Bébé.

Voici quelques idées pour partager du temps à deux, rester dans la communication PO-SI-TI-VE ! et créer une mini babymoon si vous n'avez pas le temps de vous évader quelques jours.

### 3 CLÉS... POUR RESTER CONNECTÉS

1. Des petites attentions : des petits billets doux à déposer un peu partout dans la maison, dans la voiture. À vous d'y mettre votre cœur, vos envies (de sexe aussi).
2. Des petits cadeaux : un bon pour un massage détente pour le papa et un coussin d'allaitement en microbilles pour le confort et le bien-être de maman. Cela ne nous semble pas très sexy et pourtant, mieux la future maman lutte contre ses douleurs de dos, plus elle se sent en forme pour exécuter le Kama-sutra de grossesse.
3. On essaye le massage couple. Pas de cours, laissez parler vos émotions, vos envies...

# Guide pratique du 2e trimestre : vive la lune de miel de la grossesse !

## MON KAMA-SUTRA DE GROSSESSE POUR LE 2e TRIMESTRE

Des gourmandises adaptées à votre état, en plus de la levrette spéciale grossesse décrite plus haut.

### LE MISSIONNAIRE REVISITÉ POUR LA GROSSESSE

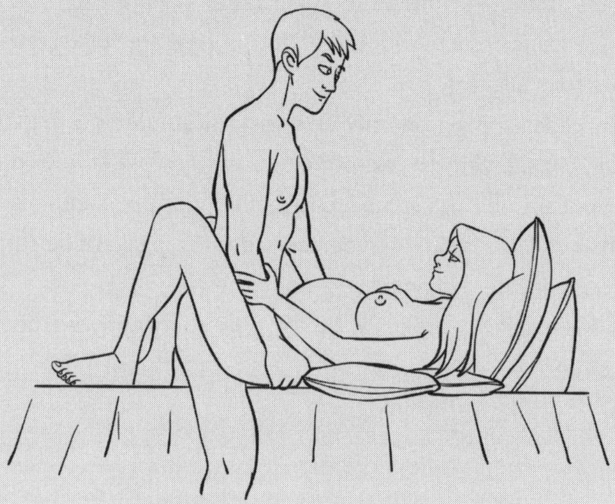

LA POSITION POUR DÉMARRER LE COÏT EN DOUCEUR

La femme est allongée sur un divan ou un sofa sans dossier. Plusieurs coussins maintiennent confortablement sa tête, ses épaules et son dos. Ses jambes sont repliées, les pieds posés bien à plat. L'homme est assis entre ses jambes qui reposent au sol, de part et d'autre du sofa. Ses mains sont simplement posées sur les hanches de la femme.

## LA POSITION IDÉALE DÈS LE 2e TRIMESTRE

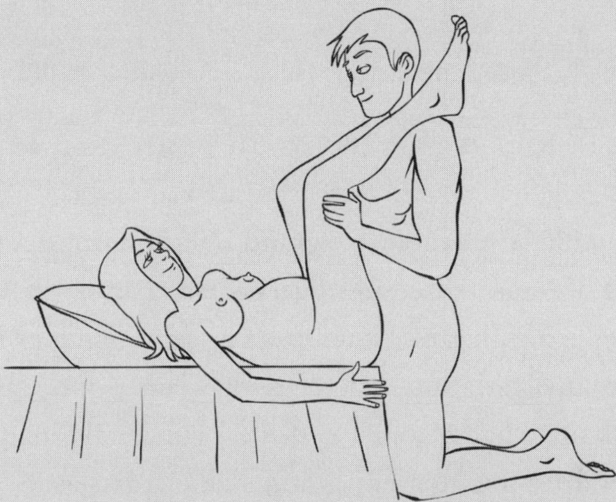

FAIRE L'AMOUR SANS PESER SUR LE VENTRE DE LA MAMAN

La femme est allongée, ses fesses sont au bord du lit ou du sofa. L'homme se tient à genoux devant elle et la pénètre. Les jambes de la femme remontent le long du corps de l'homme. Les chevilles reposent sur les épaules de l'homme. Celui-ci soulage l'effort de la femme pour maintenir ses jambes dressées en tenant chaque cuisse d'une main.

**Mes conseils de doula**

Évitez de rester trop longtemps dans les positions où la femme est sur le dos. Il faut privilégier celles où vous allez être allongée sur le côté gauche avec un oreiller pour caler votre ventre ou à genoux, la tête entre les bras, dans le but d'éviter une mauvaise oxygénation de Bébé et des étourdissements.

### UNE DOUCEUR RAFFINÉE... LA FELLATION CHAUD/FROID

Toutes les femmes n'aiment pas être pénétrées au deuxième trimestre. Ce peut être l'occasion de raffiner à deux votre pratique de la fellation, un grand classique apprécié de la plupart des hommes, et sur lequel on passe parfois un peu vite dans les préliminaires. L'auteure américaine Sandra Margot* suggère une variation raffinée et délicieuse, que je baptise « la fellation chaud-froid ». L'idée est que les alternances de température augmentent graduellement la sensibilité de « l'objet ».

Demandez à votre mari de s'asseoir nu sur une chaise, les jambes bien écartées. Installez-vous confortablement à genoux sur des coussins. Prenez deux tasses, l'une remplie d'eau glacée, l'autre d'eau très chaude (mais pas trop quand même !) ou de thé. Caressez votre amant pour l'amener à une érection. Puis prenez une gorgée de thé et gardez-la dans votre bouche en prenant son pénis en bouche, l'enveloppant ainsi

* *The Pregnant Couple's Guide to Sex, Romance and Intimacy*, Citadel Press.

d'eau chaude. Avalez le thé, et caressez le pénis avec votre main pendant que vous prenez une gorgée d'eau glacée. Cette fois, deux possibilités en fonction des goûts de votre amant. Vous pouvez recracher l'eau glacée après quelques secondes, et passer votre langue et votre bouche fraîches sur le sexe de votre amant. Ou bien garder l'eau froide en bouche comme vous le faites pour l'eau chaude. Continuez cette alternance jusqu'à l'obtention du résultat désiré…

## LA GYM PRÉNATALE AVEC SWISS BALL (LE BELLY BALLON BÉBÉ)

On utilise le ballon suisse (« Swiss Ball ») pour prévenir les déchirures périnéales, éviter l'épisiotomie, prévenir la descente des organes après l'accouchement et avoir des relations sexuelles plus satisfaisantes !

Les exercices qui suivent peuvent être faits à deux au deuxième trimestre pour soulager les maux de la grossesse et au troisième trimestre pour préparer doucement le corps à l'accouchement et même en salle d'accouchement avec l'autorisation du personnel médical.

**LE BERCEMENT**

LE BERCEMENT

- Position de base : assise au centre du ballon, genoux pliés, pieds écartés de la largeur des épaules. Vous ne devez ressentir aucune tension. Chevilles dans l'alignement des genoux et pas en canard.
- Le futur papa, debout devant vous, avance une jambe pour plus de stabilité et vous tient par les mains.

  Bercez le bassin d'avant en arrière, du pubis au coccyx en pressant la vulve sur le ballon. Vous pouvez aussi faire le bercement d'un côté à l'autre.

**AVEC UN MASSAGE EN SUPPLÉMENT !**

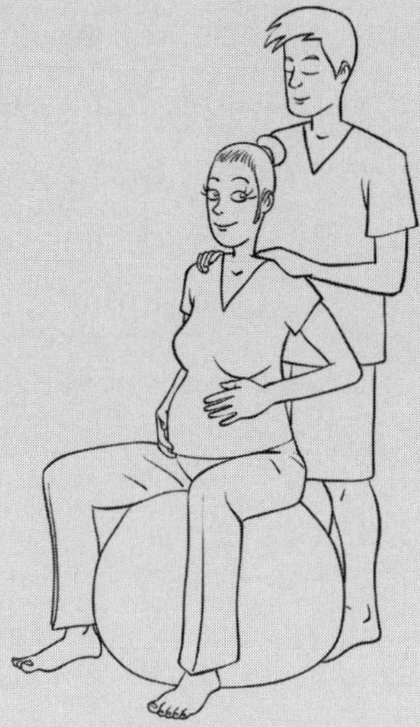

LE MASSAGE-COUPLE SUR LE BALLON

- Dans la même position que le bercement, mais le futur papa se tient derrière vous et va pouvoir vous masser : dos, jambes, ventre…

Voici les clés pour découvrir ce que le yoga prénatal, proposé par Gina Scarito selon une tradition tantrique du Cachemire, va vous apporter pour soulager vos maux de grossesse, vous détendre pour mieux être à l'écoute de votre corps et être plus disponible pour l'autre et aussi vous aider à préparer votre accouchement en renforçant votre confiance en votre capacité à mettre au monde !

## MINI-SÉANCE DE YOGA PRÉNATAL

- La position de confort à adopter avant de commencer : une position assise, confortable mais pas en tailleur.
- Il faut un vrai temps de silence de 5 minutes pour écouter les tensions de son corps et de son esprit. On prend pleinement conscience du volume de son ventre par exemple.
- On ne fait rien de particulier, on reste à l'écoute de ce que l'on vit, ressent.
- On prend les positions… qui vont vous aider dans votre sexualité !

Quand ce moment est partagé avec d'autres femmes enceintes, on se sent entourée et apaisée.

L'idée est de toujours s'écouter et de commencer le yoga prénatal quand on en ressent l'envie. En général, les femmes commencent les cours vers 4 mois de grossesse.

## UNE POSITION POUR VOUS DÉTENDRE

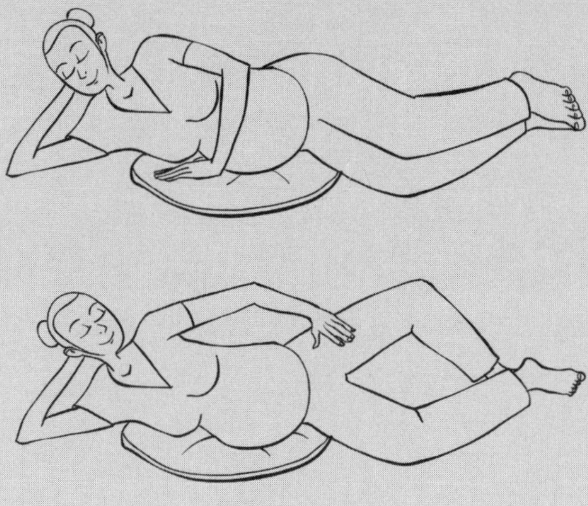

LA POSITION DE VISHNU

Allongez-vous sur le côté droit, jambes un peu fléchies et superposées, l'avant-bras soulevé, la main sous la tête. Placez le bras dans le prolongement de la colonne vertébrale. Parfois un petit coussin sous le ventre est agréable pour soutenir le poids. Fermez les yeux, détendez-vous et soyez à l'écoute de vos sensations. Dans cette position vous pouvez mobiliser la jambe et le bras gauches ou soulever et allonger la jambe pour mobiliser la hanche. Faites de même du côté gauche.

C'est une position confortable pour les rapports sexuels durant la grossesse et une bonne position durant l'accouchement, même parfois pour l'expulsion du bébé en fonction de sa présentation.

## POSITION À QUATRE PATTES

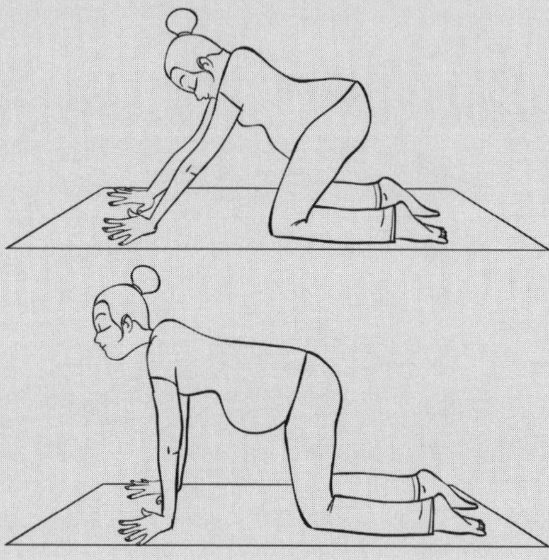

LA POSITION À QUATRE PATTES

Mettez-vous à quatre pattes sur un tapis. Les mains écartées de la largeur des épaules et juste sous les épaules, les genoux écartés de la largeur des hanches et juste sous les hanches. On se retrouve avec les bras et les cuisses perpendiculaires au sol. D'abord relâchez le corps dans cette position. Ensuite, le bas du dos creux, laissez le pli fessier s'élargir et les fesses légèrement reculer. Maintenez le bassin large et en arrière. Écartez les doigts et allongez-les et cherchez à élargir les épaules et les reculer, alors que la poitrine se dégage en avant. Vous devez sentir un étirement de votre dos. La tête est dans son prolongement, menton légèrement rentré. La nuque est souple et peut se délier. On pratique ensuite dans cette position, le chat-chien, c'est-à-dire, alternativement arrondir le dos (à l'expiration) et creuser le dos (à l'inspiration).

Cette position peut également être confortable pour les rapports sexuels durant la grossesse, le travail d'accouchement et l'expulsion du bébé.

**Mon autre conseil de doula**

N'hésitez pas à vous inscrire aux cours de préparation à la naissance qui vous attirent le plus : yoga prénatal, chant prénatal, sophrologie (*voir adresses dans le Guide pratique*). Vous allez rencontrer d'autres futures mamans mais souvent, ces cours dédiés aux femmes enceintes abordent d'autres sujets de la grossesse et vous pouvez discuter avec d'autres futures mamans.

## LE PÉRINÉE… DE FAÇON LUDIQUE

Voici les clés données par Gina de *Yoga Graciosa*.

Le mot périnée – comme nous l'indique l'étymologie grecque *péri-naos* – signifie : « autour du temple ». Venir sentir et vivre cette partie de notre corps nous invite à contacter un potentiel d'énergie extraordinaire qui peut se transposer dans la sexualité.

En vue de l'accouchement, il est très rassurant de mieux connaître cette partie de notre corps. Cela peut aider à accompagner les sensations extraordinaires durant l'accouchement, d'être moins surprise.

Par des jeux, des ressentis, des contractions, des ajustements, des visualisations, des évocations… nous éveillons le périnée et contactons sa juste tonicité, c'est-à-dire à la fois souple et tonique.

### LES EXERCICES DE BASE POUR TRAVAILLER VOTRE PÉRINÉE

Dans la position assise, chercher la verticalité de la colonne vertébrale dans la détente ou bien s'installer couchée sur le dos avec les jambes repliées (avec des coussins si nécessaires).

Les exercices suivants se font plus volontiers dans la position assise (au sol en tailleur ou sur une chaise).

- Commencez par bien sentir tout le corps dans la position. Cherchez la verticalité de la colonne vertébrale dans la détente. Placez bien le bassin : ni trop cambrée, ni le dos rond.
- Faites une série de contractions-relâchements de l'ensemble des muscles du périnée (tous les muscles que vous ressentez entre le coccyx et le pubis et entre les ischions). En contractant ces muscles, vous sentez que cela monte et que vous les rassemblez en un point. Et quand vous relâchez, cela descend et s'étale.

  Apprenez à ressentir successivement les 3 orifices :
  - Pour ressentir **l'entrée de l'urètre** : imaginez que vous aimeriez retenir 2 ou 3 gouttes d'urine. Contractez et puis relâchez. Sentez ce point, le plus près du pubis.

- Un peu en arrière de l'entrée de l'urètre pour ressentir les **muscles de l'entrée du vagin**, imaginez ramasser des petits pois. Ramassez et relâchez.
- En arrière du plancher pelvien, vous pouvez contracter **les muscles de l'anus**, commencez par serrer le premier anneau.

Il y a ensuite beaucoup de possibilités de jeux et de visualisations possibles mais il faut être guidée une première fois pour s'approprier les exercices.

**À savoir :** on relâche deux fois plus longtemps que le temps de la contraction du plancher pelvien.

***Pour aller plus loin***

Le site de Gina Scarito : **www.yogagraciosa.be**
**info@yogagraciosa.be**

## MES BONNES ADRESSES

### SHOPPING SEXY DE MA GROSSESSE

Voici des huiles bio, sans parabènes, sans colorants et adaptées à la grossesse.

- **Huile antivergetures de Vital touch Natalia :** 15,60 euros.
  À ne pas utiliser au premier trimestre à cause de la présence des huiles essentielles de mandarine, fleur d'oranger et lavande. Mais son odeur divine éveille les sens dès le deuxième trimestre.

- **Huile de massage antivergetures de Weleda :** 19,65 euros.
  Une huile plus classique que vous pouvez utiliser dès les premiers moments de la grossesse. Contient de l'amande douce, du jojoba bio et de l'huile de germe de blé.

- **Crème antivergetures de Green Baby :** 11,40 euros.
  Pour celles qui ne veulent pas utiliser de l'huile mais plutôt une crème. Elle est à base de beurre de cacao, huile bio de tournesol, jojoba et carottes.

- **Les bons et beaux soutiens-gorge :** 64,90 euros.
  Le caraco de maternité « *sweet Paris* ».

**www.mademoisellemum.com**

### Mon conseil de doula

Si vous ne voulez pas consacrer un budget trop conséquent à votre lingerie de grossesse, tout en restant sexy, rappelez-vous que votre taille de soutien-gorge au sixième mois de grossesse, sera à la bonne taille pour votre allaitement, une fois passés les premiers jours de la montée laiteuse. Vous pouvez donc, dès le deuxième trimestre, opter pour une lingerie d'allaitement. **www.madeinfemmes.com**

## ET AUSSI…

Marie Bosquet, conseillère en aromathérapie, créatrice des Ateliers de la souris verte (**http://latelierdelasourisverte;typepad.com**) et coauteur de *Mes petits cadeaux cosmétiques bio*, Leduc.s Éditions, vous livre la recette de l'huile de massage à la vanille.

### Parole d'expert :

«Pas d'huiles essentielles pendant la grossesse (sauf avis d'un thérapeute compétent)… Il va falloir ruser ! Heureusement, les huiles infusées aux plantes sont une très bonne alternative, sans aucun danger pour les femmes enceintes ou allaitant, car les principes actifs extraits de cette façon sont beaucoup moins concentrés… et néanmoins efficaces !
La rose et la vanille se marient très bien et composent un parfum sensuel sans être trop lourd.»

## MES RECETTES SEXY

Partagez un cocktail sans alcool à deux. Le plus connu est le bloody mary sans alcool pour les mamans sexy, dont voici la recette. On l'appelle le « virgin mary ».

### LE VIRGIN MARY EN UN TOUR DE MAIN

***Ingrédients :*** *1 litre de jus de tomate de préférence bio, le jus de 2 citrons pressés, 1 c. à c. de Worcestershire sauce, 1 goutte de Tabasco, du sel au céleri et 1 petit tronçon de céleri pour la décoration.*

- On mélange tous les ingrédients, on verse la préparation dans des jolis verres à cocktail (que vous avez laissés au congélateur quelques minutes avant…).
- À servir bien frais. En plus, vous allez profiter du potassium, de la vitamine C, du bêta-carotène et de l'acide folique qui ne sont que des bonnes choses pour la future maman.

## LE SMOOTHIE À LA GOUSSE DE VANILLE

***Ingrédients :*** *150 ml de yaourt nature ou de lait de soja, 1 petite cuillère a café d'extrait de vanille (à choisir pur et bio) ou les grains d'une gousse de vanille, 1 cuillère à café de sucre de canne roux.*

- Un « cocktail lacté » pour faire le plein de protéines et de calcium. Son parfum envoûtant des îles grâce à la vanille vous aidera à vous sentir belle comme une vahiné !
- On mélange les ingrédients au blender en rajoutant du lait et des glaçons pour obtenir une belle consistance crémeuse.

---

**PAROLES DE MAMAN**

**Valérie, 27 ans, maman de Louis, 2 mois**

« Nous voulions profiter d'être encore tous les deux juste le temps d'un week-end. Nous n'avions pas envie de partir loin mais juste d'être dans un bel endroit. Nous avons donc passé une nuit dans un très bel hôtel de notre ville. Et nous avons profité du room service et… de notre chambre ! Des moments inoubliables. Je le conseille à tous les futurs parents. »

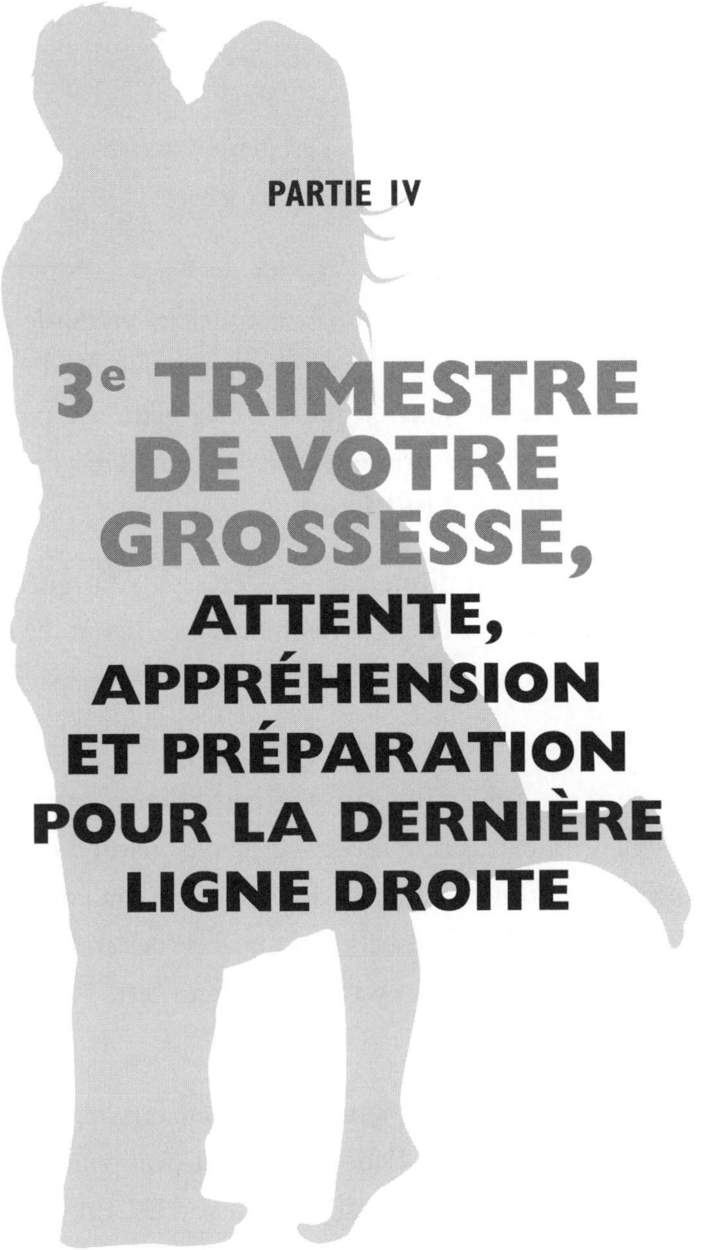

PARTIE IV

# 3e TRIMESTRE DE VOTRE GROSSESSE,

# ATTENTE, APPRÉHENSION ET PRÉPARATION POUR LA DERNIÈRE LIGNE DROITE

# État des lieux

Vous êtes en état d'attente et en plein dans les préparatifs pour l'accouchement.

Dernière ligne droite avant l'arrivée de Bébé ! Profitez-en pour passer du temps à deux. Bien sûr, Bébé prend de plus en plus de place et votre ventre est de plus en plus rond : vous vous épanouissez de jour en jour et cela peut être parfois encombrant. Et votre esprit tout entier est consacré à l'arrivée prochaine de VOTRE BÉBÉ !

Souvent la libido diminue car vous êtes plus fatiguée. Et puis vous vous sentez trop grosse, moins séduisante. Et puis encore, il y a toujours de nouveaux maux de grossesse à supporter…

Une éclaircie dans ce tableau peu enthousiasmant : faire l'amour est un excellent remède – et le plus naturel qui soit – contre l'insomnie et le mal de dos. C'est également un moyen de déclencher l'accouchement quand vous êtes à terme. Beaucoup de couples ont essayé avec succès cette « méthode à l'italienne » !

Pour dire les choses simplement, c'est en faisant l'amour que vous avez fait entrer Bébé en vous, et c'est peut-être en faisant l'amour que vous faciliterez sa sortie ! En effet, la prostaglandine contenue dans le sperme est la même hormone que l'on trouve dans les gels que l'on applique pour déclencher l'accouchement. L'ocytocine, l'hormone de l'accouchement, est aussi produite dans ces deux cas : pendant l'orgasme et pendant le travail de l'accouchement. Alors laissez-vous aller, c'est pour la bonne cause !

**Votre bébé**

À 7 mois : il a la taille d'une « courge spaghetti ».
À 8 mois : il a la taille d'un ballon de foot.
À 9 mois : il a la taille d'une grosse pastèque.

## LES INCONFORTS QUI RISQUENT DE PERTURBER VOTRE BIEN-ÊTRE MAIS AUSSI VOTRE LIBIDO

- les brûlures d'estomac et le reflux gastrique,
- le mal au dos,
- les contractions,
- le besoin fréquent d'uriner,
- l'œdème aux jambes,
- la fatigue,
- l'insomnie,
- les essoufflements,
- les démangeaisons…

## LES SOLUTIONS QUI EXISTENT POUR « OUBLIER » CES PETITS INCONFORTS ET BOOSTER UN PEU VOTRE LIBIDO

- **Brûlures d'estomac et reflux gastrique.** Ils sont dus au changement hormonal. Le placenta produit de la progestérone en grande quantité. Faites des petits repas plus souvent au cours de la journée. Évitez les aliments gras, les épices et le café.
- **Mal au dos.** Prenez soin de votre posture. On ne creuse pas le dos ! Et penchez-vous pour monter les escaliers, ne creusez pas les reins quand vous voulez vous asseoir et restez bien au fond de votre siège. Si vous avez mal au dos, allongez-vous sur le côté gauche en calant le coussin d'allaitement entre vos genoux et en y posant votre joli ventre rond. C'est une excellente position pour faire l'amour en soulageant votre dos.
- **Les « fausses » contractions.** Votre corps se prépare à l'accouchement. Vous devez vous rendre à la maternité seulement si elles sont régulières dans le temps et qu'elles durent 40 secondes environ. Les contractions orgasmiques n'ont rien à voir : ce sont plutôt des crampes avant ou après l'orgasme qui ne doivent pas durer. Il suffit juste d'être attentive et de savoir de quel type de contraction il s'agit.

- **Le besoin fréquent d'uriner.** Rien de plus normal car votre vessie n'a plus de place mais ne vous arrêtez pas de boire pour autant. Ne luttez pas contre ! Buvez de l'eau souvent et beaucoup (8 à 10 verres par jour), et consommez du jus de canneberge non sucré et de préférence biologique pour éviter les infections urinaires.
- **L'œdème des jambes.** On les lève ! Faites-le pendant l'amour. Vous pouvez reposer vos jambes sur votre amoureux, puis demandez-lui de vous masser du bas de la jambe vers le haut. Faites attention à bien définir les endroits à masser (*voir p. 154 les conseils de Katixa*). Vous pouvez aussi prendre des bains tièdes (mais oubliez les bains chauds).
- **La fatigue.** Reposez-vous pour prendre des forces pour l'accouchement. Vos envies et vos besoins passent avant tout. Profitez des derniers mois de la grossesse pour que votre homme s'occupe exclusivement de vous, vous câline.
- **L'anxiété.** La fin de la grossesse est un moment ambivalent : on désire impatiemment que la grossesse se termine (gros ventre, fatigue…) mais on doit se préparer psychologiquement à une séparation. Bébé va être un être distinct de soi. Prenez les positions de yoga (*voir chapitre consacré au deuxième trimestre, p. 114*) pour apprivoiser vos émotions.

- **L'insomnie.** Le coussin d'allaitement à garder entre les genoux (un must !) vous aidera à trouver la bonne position de sommeil. Buvez des tisanes de camomille ou de mélisse.
- **Les essoufflements.** Reposez-vous le plus possible. Laissez-vous chouchouter. Pendant l'amour, laissez-le faire et adoptez les positions du Kama-sutra de grossesse !
- **Les démangeaisons.** La peau du ventre et des seins se tend. Pour lui conserver une bonne élasticité, faites-vous masser le plus souvent possible.

# L'alimentation de fin de grossesse pour avoir plus d'énergie

Vous avez sans doute déjà pris des bonnes habitudes alimentaires depuis le début de votre grossesse, mais il faut continuer pour avoir une bonne récupération physique après la naissance de Bébé et « assurer » en tant que nouvelle maman : allaiter Bébé, le changer, le nourrir la nuit, manquer de sommeil, tout en restant bien sûr femme et amante.

Évidemment, les premières semaines vous n'allez pas vous jeter sur toutes les positions du Kama-sutra mais vous allez devoir être disponible pour le nouveau papa. Bien manger va vous aider à être une maman et une femme plus patiente, moins fatiguée et plus à l'écoute.

### 4 CLÉS POUR AVOIR DE L'ÉNERGIE

1. Faites des réserves de fer car vous allez perdre du sang à l'accouchement et il faut éviter l'anémie. Vos besoins sont de 20 mg de fer par jour. À piocher dans les aliments qui en contiennent le plus : millet complet, avoine complète, sarrasin complet, bœuf, poulet mais aussi pois chiches, lentilles complètes, graines de sésame, amandes, persil, citrouille, pruneaux… et n'oubliez pas que la vitamine C favorise l'absorption du fer.
2. Prenez de l'acide folique. Les aliments très riches en acide folique sont les salades vertes comme le cresson, les oléagineux comme les amandes, les noix ou encore certains légumes : brocoli, chou-fleur, pois chiche.

3. Le dernier mois (jamais avant), on recommande de prendre de la tisane de framboisier qui va tonifier l'utérus et rendre les contractions plus efficaces.
4. Vous pouvez aussi boire de la tisane de tilleul qui améliore l'élasticité de la peau (et donc celle de votre périnée).

## Mon conseil de doula

- Petit rappel : vous pouvez faire l'amour pendant toute votre grossesse si vous n'avez aucune complication. Cela dit, vous allez sans doute vous tourner vers votre objectif prioritaire de ce troisième trimestre : préparer au mieux votre accouchement et la naissance de votre bébé. Vous êtes dans un état d'attente, écoutez-vous.
- Ne culpabilisez pas si votre libido passe au deuxième (voire troisième) plan. Mais pourquoi ne pas impliquer le futur papa ? Il peut préparer avec vous le Plan de naissance *(voir p. 152)*, apprendre les bons gestes à faire le jour J en devenant un papa-doula *(voir p. 150)*.
- Apprenez à rester connectés en tant que futurs parents, amants (même virtuels pour un temps !).
- Avoir un orgasme est un excellent moyen d'évacuer le stress dû à l'approche du jour de l'accouchement, d'éviter d'avoir trop d'insomnies et d'envoyer à votre bébé des hormones de bien-être.

**PAROLES DE MAMANS**

**Elsa, maman de Béatrice, 1 mois**

« Même si au dernier trimestre, je n'avais pas le courage de faire l'amour, j'ai tout misé sur notre complicité affective. J'ai mis en valeur mon gros ventre, mes seins dans des jolies robes et nous avons passé beaucoup de temps à nous parler, à imaginer ensemble notre bébé et à nous masser. Mon mari me regardait avec tellement d'amour et de fierté que cela me rendait sexy. Je me sentais très belle. »

***Le conseil d'Elsa :*** rien de plus important que la complicité amoureuse. Organisez des petits dîners aux chandelles, des sorties au cinéma pour rester un couple. C'est important pour la suite, j'en suis sûre.

**Iris, maman de 4 enfants**

« Oui, on peut faire l'amour toute la grossesse. Moi, je n'ai jamais eu autant envie… même quand je ressemblais à une baleine. Mais les baleines aussi font l'amour ! C'est plutôt après la naissance que je n'ai plus eu d'envies aussi fréquentes : il faut trouver du temps entre les tétées, le bain, les changes et la fatigue. »

***Le conseil d'Iris :*** vous allez changer de vie après la naissance. Il faut pouvoir recréer une intimité différente. La vie avec Bébé se prépare pendant la grossesse : il faut s'organiser avec des baby-sitters ou des amies qui peuvent rendre service de temps en temps.

**Sylvie, maman de Marie, Anne, Pierre et Marc**

« Les rapports m'ont toujours été déconseillés à partir du deuxième trimestre. Mais mes nouvelles formes généreuses et l'idée de devenir mère à mon tour m'ont permis de me sentir plus femme que jamais. J'ai dû faire preuve de créativité pour maintenir le lien intime. La dernière semaine de la grossesse pour notre dernier bébé, nous avons tout fait pour déclencher l'accouchement à l'italienne et cela a marché ! »

***Le conseil de Sylvie :*** on a trop tendance à réduire la sexualité à la pénétration. La grossesse est le moment idéal pour découvrir la sensualité et rester amants.

## Mon conseil de doula

Beaucoup de femmes tentent le déclenchement à l'italienne. Le sperme contient de la prostaglandine, une hormone qui aide la maturation du col de l'utérus. Puis, lors de l'orgasme, il y a aussi sécrétion d'une autre hormone, l'ocytocine qui est l'hormone de l'amour mais aussi indispensable pour accoucher car elle fait progresser le travail. À condition que votre bébé soit prêt à sortir, sinon ça ne marche pas !

## ET LE PAPA DANS TOUT ÇA ?

Beaucoup de futurs papas sont eux aussi encombrés par le ventre de leur femme et craignent d'écraser leur bébé.

PAROLES DE PAPAS

**Laurent, papa de Camille, 6 mois**

« Quand je faisais l'amour à ma femme les derniers mois, je ne pensais qu'à son ventre : à ne pas l'écraser, à ne pas trop le toucher. Et finalement, nous ne faisions l'amour que dans une seule position : tous les deux allongés sur le côté et moi derrière. Comme cela, j'essayais d'oublier ce ventre que je trouvais par ailleurs si beau ! »

**Alexandre, papa de Léo, 2 ans**

« Le troisième trimestre de la grossesse a été pour nous le néant sexuel. Je ne pouvais pas enchaîner les cours de préparation à l'accouchement et le Kama-sutra. C'était comme incompatible. On ne parlait que couleur de la chambre, layette du bébé, échographie, accouchement mais cela nous a permis de rester complices quand même, même le jour de l'accouchement. »

# Ce qui va favoriser votre accouchement

Le troisième trimestre est LE moment pour vous préparer à l'accouchement.

## DITES OUIIIIIIIII !

Pour le jour J, il faut apprendre à lâcher prise et jouir de pouvoir donner la vie. Vous devez être totalement relâchée pour laisser passer votre bébé.

« Oui j'accepte les contractions, oui j'accepte que mon bébé sorte de mon vagin, oui je veux que mon travail progresse. »

## L'IMPORTANCE DES ENDORPHINES

Les endorphines sont les hormones de la relaxation mais aussi les hormones de l'amour.

Plus votre corps sera détendu, plus il fabriquera d'endorphines, favorisant une diminution de la douleur et de la tension.

Cet état de détente amènera beaucoup d'oxygène à votre utérus et à votre bébé.

Le futur papa peut vous aider à produire les endorphines :

- Grâce à ses mains calmantes, rassurantes, il peut vous masser en bas du dos.
- Pour rester dans l'intimité, il tamise les lumières, on chuchote.
- On reste dans le lâcher-prise comme pendant l'amour.
- OUI, OUI, OUI (à répéter ensemble, en chœur).
- Il peut caresser votre ventre pour montrer le passage au bébé : du haut vers le bas !
- Il vous materne, vous berce et vous rassure. Vous ferez ensuite de même avec votre bébé.
- Il vous dit des mots d'amour, vous exprime combien il est fier de ce que vous êtes en train d'accomplir : la mise au monde de votre bébé.

# Comment impliquer le futur papa dans l'accouchement et ainsi rester proches pendant ce grand moment

## MASSAGE BAS DU DOS

Rôle du futur papa pour le jour J : tout faire pour que les endorphines soient produites par le corps pour aider l'accouchement et éviter que le corps produise de l'adrénaline !

Le massage des reins pendant l'accouchement : rien de mieux pour soulager le bas du dos. Le futur papa va décrire des petits mouvements circulaires avec la paume de sa main (doigts bien écartés). Le massage va éviter que les hormones du stress soient produites (adrénaline par exemple).

Rester connectée physiquement au futur papa est essentiel pour le bien-être de la femme qui accouche. Elle a plus confiance en ses capacités et elle est soutenue émotionnellement.

## ÊTRE UN PAPA-DOULA

Le père peut, grâce à sa complicité et son amour, être d'une grande aide le jour de l'accouchement. Je l'appelle papa-doula quand il prend véritablement le rôle d'accompagnant à part entière. Cela contribue à diminuer le temps du travail, la douleur et la surmédicalisation de l'accouchement en permettant aux hormones naturelles d'être présentes et de faire leur travail.

Pour aider la maman à supporter les contractions, rien de mieux que d'être à son écoute et l'aider si possible.

- Vous pouvez l'aider à accepter les contractions une à une et à rester dans l'instant présent.
- Aidez-la à trouver la bonne position, par exemple debout derrière elle en soutenant son ventre...
- Restez les yeux dans les yeux pour qu'elle reste sur son objectif « bébé ».
- Dites-lui des mots de soutien, d'encouragement.
- Massez-lui l'intérieur des cuisses ou les fesses.
- Soutenez-la dans les moments de découragement pour lui montrer qu'elle va surmonter les instants difficiles.
- Demandez qu'on vous laisse dans la pénombre pour éviter trop de stress.
- Aidez-la à apprivoiser l'environnement pour « faire son nid ». Vous pouvez y apporter quelques objets personnels comme des photos, un porte-bonheur...

- Restez connectés pour faire régner en salle d'accouchement une atmosphère la plus intime possible.
- Préparez des compresses d'eau chaude et placez-les aux endroits qui font mal : bas du dos, ventre. Prévoyez aussi des compresses d'eau fraîche sur le visage, les tempes… le contact de l'eau est un bon moyen de favoriser la production d'endorphine en offrant du bien-être à la femme qui accouche.
- Vous pouvez mettre un peu de musique pour vous détendre tous les deux, une musique qui va vous inspirer l'ouverture : ouverture du corps, ouverture de l'esprit à l'idée d'accoucher.
- Bercez la future maman qui a besoin d'encouragement.
- Faites respecter le plan de naissance *(voir ci-après)* préparé ensemble : c'est un élément très important pour vivre la naissance en couple.

## LE PLAN DE NAISSANCE

Le « plan de naissance » décrit vos souhaits et vos attentes pour la naissance : péridurale ou pas, rôle du papa, faire du peau à peau en salle de naissance… Sachez toutefois que c'est seulement un outil de communication et qu'il n'a pas de valeur légale. Il faut rester réaliste et dire « si c'est possible », « je préférerais »…

Voici une façon de créer votre plan de naissance.

### PLAN DE NAISSANCE DE :

Nom du papa ____________________________

Nom de la maman ____________________________

Nom du médecin ____________________________

Quelques mots de présentation de votre projet (quelques lignes seulement) ____________________________

________________________________________

________________________________________

Pendant le travail, nous aimerions : (à vous de compléter)

________________________________________

________________________________________

- C'est le moment de parler de l'environnement que vous aimeriez : lumière tamisée, présence du futur papa ; et des petits outils pour vous aider : ballon suisse, massages par le papa, homéopathie, élixirs floraux, faire un peu de relaxation, prendre des petites collations de fruits secs…

Pour l'accouchement, nous aimerions : (à vous de compléter)

___

___

- Choisir des positions pour faciliter l'accouchement, essayer de garder le périnée intact par exemple avec l'application de compresses chaudes, c'est là que vous indiquez si le papa veut couper le cordon, que vous parlez de l'expulsion du placenta, etc.

À la naissance de notre bébé, nous aimerions : (à vous de compléter) ___

___

___

- Attendre pour les soins sauf si besoin de soins d'urgence, faire du peau à peau, l'allaiter à la demande, le garder avec maman tout le temps, besoin d'aide pour la mise au sein…
- Prévoir quelques vœux pour les imprévus : naissance prématurée, césarienne, peau à peau avec le papa si la maman ne peut pas. Si le bébé a besoin de soins dans une autre pièce, le papa veut pouvoir rester avec lui, etc.…

***Pour aller plus loin***

✓ **contact@madoula.fr** pour obtenir la méthode complète et créer le plan de naissance qui vous ressemble.

## LES MASSAGES PAR LE FUTUR PAPA AVANT ET APRÈS L'ACCOUCHEMENT

Katixa Dichon, praticienne en massage de bien-être et accompagnante prénatale, s'inspire de la méthode Bradley, méthode très utilisée aux États-Unis mais peu connue en France. Le grand « plus » de cette méthode est l'implication totale et permanente du papa. La maman ne se retrouve plus seule face à la maternité. En apprenant le massage prénatal, il va soulager sa compagne pendant la grossesse mais aussi pendant l'accouchement.

- Bien installer la future maman : la « caler » avec des coussins ou avec un coussin d'allaitement au niveau des genoux, du ventre et de la tête.
- Soulager son dos avec des massages.
- Le massage du ventre : le papa doit soutenir d'une main le poids du ventre et de l'autre main masser en cercles en veillant à passer sur le plexus solaire pour procurer un apaisement.
- Le drainage des jambes : on remonte toujours vers le cœur. À l'intérieur de la jambe, remonter de la malléole interne au milieu de la cuisse avec pression du pouce. Le papa peut pratiquer le drainage des espaces métatarsiens si les pieds sont gonflés. Il peut aussi « presser » le mollet comme une éponge car cela soulage énormément.

Le conseil en plus de Katixa : ce qu'il ne faut surtout pas faire pour les massages prénataux.

- Ne pas stimuler les malléoles/talons car cela correspond en réflexologie plantaire aux organes génitaux. On ne prend pas le talon à pleine main pour masser le pied.
- Ne pas stimuler la zone entre mi-cuisse et le creux de la taille : cette zone doit être effleurée mais pas massée profondément.

### *Pour aller plus loin*

✓ **www.myeskua.com** («my eskua» signifie mes mains en basque).

✓ 390 euros le forfait avec massages prénataux, postnataux et un massage bébé.

✓ Et aussi : pour apprendre le massage prénatal «Materna» avec Jodie Esposito, créatrice de **www.ococoon.fr**.

### Mon conseil de doula

Pouvoir accompagner et soulager sa femme permet au futur papa de continuer à communiquer de façon très positive. Rester connectés est l'une des clés pour que le couple reste dans une attitude positive face aux changements imposés par la grossesse.

# Une Baby shower avec le futur papa

La tradition de la « *Baby Shower Party* » est très répandue dans le monde anglo-saxon et a lieu souvent à 7 ou 8 mois de grossesse.

C'est une excellente occasion pour se retrouver entre filles et s'amuser autour du thème de la maternité. Mais le futur papa peut organiser cette fête en l'honneur de sa femme pour lui montrer qu'il est fier de ce qu'elle accomplit… Elle sera aussi touchée et c'est une marque d'amour. Toutes les petites attentions pour la future maman participent au fait de rester connectés et amoureux sans avoir besoin de se toucher.

Organiser une fête est un très beau cadeau et cela va lui donner confiance en ses capacités de rester toujours aussi femme même si elle devient mère.

Recevoir un cadeau est un puissant aphrodisiaque quand il est rempli d'amour…

**Mon conseil de doula**

Pourquoi ne pas suggérer aux amies qui vont participer à l'événement quelques petits présents pour la future maman, et pas uniquement pour le futur bébé : une huile de massage ? Un bola de grossesse ? Pour lui dire qu'elle reste une femme qui prend soin d'elle et qui est sexy !

# Blessingway : encore une fête à importer des États-Unis

Appelée également « *Mother Blessing Ceremony* », il s'agit encore d'une fête organisée en l'honneur de la future maman.

Toutes les amies invitées vont offrir une perle à la future maman pour créer un collier.

Elles doivent tenir la perle entre leurs mains quelques minutes pour y mettre de l'énergie positive pour que tout se déroule le mieux possible pour Maman et Bébé le jour J. Le collier fabriqué durant une petite cérémonie devra être porté le jour de l'accouchement pour que la maman reçoive toute la force du collier. Bien sûr cette cérémonie et ce collier ne pourront aider la femme qui accouche que symboliquement. La future maman se sentira entourée de ses amies en apportant ce collier le jour de l'accouchement pour avoir un porte-bonheur.

À faire pour créer votre *blessingway* :

- Inviter toutes les amies de la future maman.
- Chacune des invitées doit apporter une perle qu'elle aura choisie avec un petit mot pour la future maman décrivant sa perle et avec un autre petit mot pour souhaiter la bienvenue au bébé.
- On doit procéder à la « cérémonie de bénédiction de la maman » en mettant dans la pièce les éléments terre, eau, feu, air : on allume des bougies, on met de l'encens… On peut faire suivre la cérémonie du collier de l'empreinte du ventre de la future maman en plâtre.
- On termine la cérémonie en conviant le futur papa autour d'un repas où chacune aura apporté un plat qu'elle aura préparé. Aux États-Unis, cela s'appelle un *potluck*.

En participant au repas qui suit cette célébration, le futur papa et la future maman restent connectés. C'est un bon moyen d'exprimer votre affection l'un envers l'autre.

# Guide pratique du 3e trimestre : vive la lune de miel de la grossesse !

## MON KAMA-SUTRA DE GROSSESSE POUR LE 3e TRIMESTRE

### UN CÂLIN TOUT EN DOUCEUR

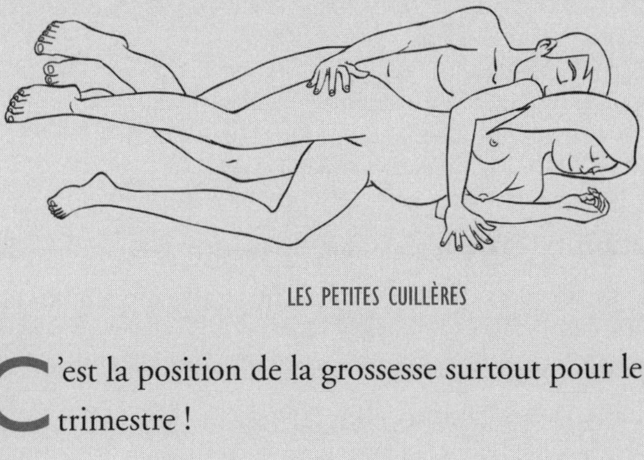

LES PETITES CUILLÈRES

C'est la position de la grossesse surtout pour le troisième trimestre !

Allongez-vous sur le côté gauche (pour ne pas comprimer la veine cave). L'homme vient se lover derrière vous, vos formes s'épousent et la pénétration est douce. Vous pouvez gérer la profondeur de la pénétration et donner le rythme.

**REGARDEZ-VOUS DANS LES YEUX!**

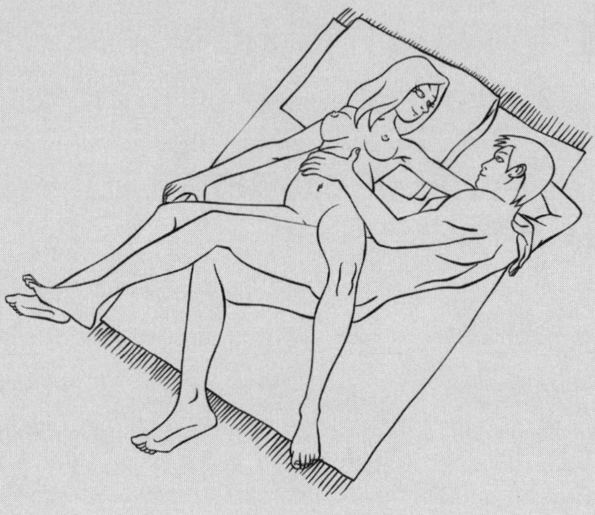

LA POSITION PERPENDICULAIRE

Cette position favorise le contact de tout le bas-ventre des deux partenaires sans que ceux-ci aient beaucoup à bouger.

La femme est allongée au sol, avec une couette repliée ou des couvertures sous sa tête et son dos. L'homme la pénètre en se tenant allongé de travers par rapport à elle. Une des jambes de l'homme est légèrement repliée sous l'autre pour plus de confort, et l'homme rabat aussi l'un de ses bras sous sa tête. Les jambes de la femme, largement écartées, enjambent la hanche et le flanc de l'homme.

## LE CUNNILINGUS SANS SE FATIGUER

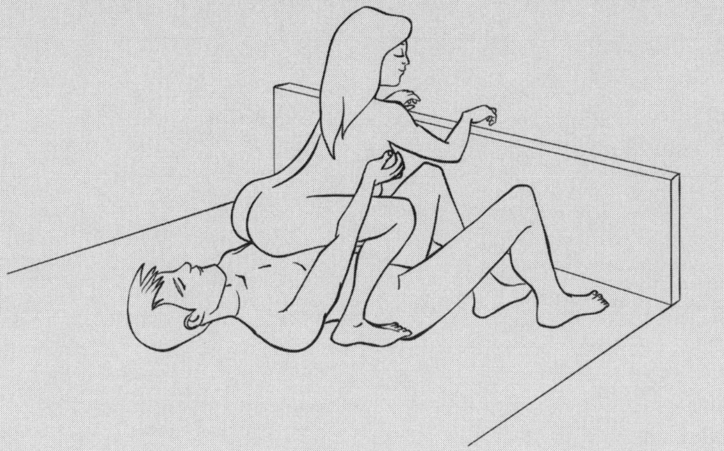

LE CUNNILINGUS SANS SE FATIGUER

C'est la position idéale pour que la femme maîtrise le placement de son bas-ventre pendant le cunnilingus, sans se fatiguer.

L'homme est allongé sur le dos les pieds vers la tête du lit. La femme, jambes repliées, les pieds au niveau des côtes de l'homme, pose ses fesses sur le visage de l'homme en lui tournant le dos. Elle pose ses avant-bras sur la tête du lit, et se cambre de façon à présenter à la bouche de l'homme exactement la partie de ses organes génitaux qu'elle souhaite le voir prendre dans sa bouche. En tendant les bras, l'homme peut aussi caresser les seins de la femme.

## PRÉSERVEZ LE VENTRE DE LA MAMAN

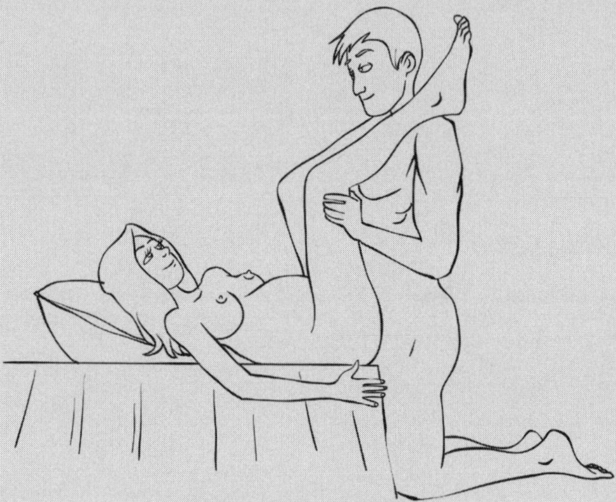

LE MISSIONNAIRE REVISITÉ POUR LA GROSSESSE

Une position pour faire l'amour en évitant de peser sur le ventre de la femme, à adopter à partir du milieu de la grossesse (deuxième et troisième trimestres).

La femme est allongée, ses fesses sont au bord du lit ou du sofa. L'homme se tient à genoux devant elle et la pénètre. Les jambes de la femme remontent le long du corps de l'homme. Les chevilles reposent sur les épaules de l'homme. Celui-ci soulage l'effort de la femme pour maintenir ses jambes dressées en tenant chaque cuisse d'une main.

### LES CONTRE-INDICATIONS DE LA PÉNÉTRATION AU COURS DU 3e TRIMESTRE

Demandez toujours l'avis de votre médecin au moindre doute.

- Grossesse de jumeaux ou plus.
- Placenta prævia : le placenta est implanté plus bas que normalement. Risques de saignements.
- Menace d'accouchement prematuré.
- Col de l'utérus effacé.
- Fissure de la poche des eaux.

## SHOPPING SEXY

- **« Accouchement harmonieux » de Pranarôm :** une huile de massage aux huiles essentielles précieuses, rose de Damas, santal, néroli entre autres, qui sont des fragrances apaisantes. À appliquer dès le début du travail sur le bas du dos mais aussi à l'intérieur des poignets. À répéter toutes les 20 à 30 minutes de sorte à utiliser les 5 ml du flacon entièrement. Pour détendre la future maman, on peut commencer ces massages quelques jours avant la date d'accouchement prévue pour renforcer la complicité du couple (adaptation de la notice de « Accouchement harmonieux » de Pranarôm).

- **« Huile de massage spécial accouchement Maman bio » d'Essential Care :** huile d'olive, huile de sauge sclarée, huile de bois de cèdre, huile de lavande… toutes bio à 100 %.
- **Un coussin d'allaitement à transformer en « coussin pour câlins »** avant l'arrivée de Bébé : un cadeau à se faire offrir qui servira pour l'allaitement mais aussi pour vous relaxer, vous aider à trouver le sommeil au troisième trimestre de la grossesse. Essayez le coussin d'allaitement en balles d'épeautre 100 % bio (marque Prolana). Idéal pour soulager le mal de dos dû au poids du bébé et à votre mauvaise posture que de bien utiliser ce petit coussin presque magique. Allongez-vous sur le côté gauche, l'oreiller qui a la forme d'un boudin, part entre vos genoux et vient caler votre ventre.

### Mon conseil de doula

- Le futur papa peut être un très bon masseur le jour de l'accouchement et cela ne fera que renforcer vos liens !
- Il existe des huiles de massage qui sont surtout des aides olfactives pour rassurer la future maman.
- Si vous ne souhaitez pas être touchée pendant la phase de travail de votre accouchement, déposez quelques gouttes d'huile essentielle d'orange douce dans un petit diffuseur de poche ou sur un petit coton près de vous.

## LE MASSAGE DU PÉRINÉE

Le périnée va être très sollicité pendant la phase d'expulsion de l'accouchement. Essayez de préparer en douceur et tout en sensualité à deux… le passage de votre bébé.

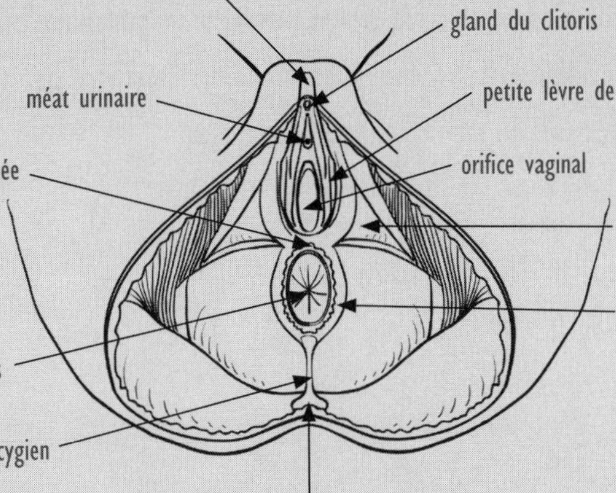


Masser le périnée tous les jours à partir de la 34e semaine de grossesse pendant environ 5 minutes peut significativement augmenter la flexibilité et l'élasticité du périnée et éviter les déchirures ou le besoin d'une épisiotomie durant l'accouchement. Ce massage permet aussi d'accélérer la guérison et de réduire la sensation de douleur et de gêne après l'accouchement.

Pour éviter les risques d'infection et d'irritation, il est important que le produit utilisé pour le massage soit pur, sans eau, sans conservateurs de synthèse, sans parfum et idéalement à base d'huiles végétales. Tous les ingrédients du « Baume Spécial Tétée Maman Bio » sont 100 % bio et comestibles, par exemple. Les huiles sont obtenues par première pression à froid afin de garder intact leur contenu en vitamines. Le Baume Spécial Tétée contient également du calendula, renommé pour ses vertus anti-inflammatoires et antimicrobiennes et son riche contenu en provitamine A réparatrice. Vous pouvez aussi utiliser :

- Huile de massage : huile de germe de blé.
- Weleda : huile massage périnée.
- Essential Care : Baume Spécial Tétée, aussi recommandé pour le massage du périnée.

Voici les méthodes à essayer !

## MASSAGE EXTERNE DU PÉRINÉE PAR ESSENTIAL CARE

Dans une position assise relaxante avec les genoux surélevés et en utilisant ses doigts propres (avec les ongles courts), appliquez une noisette de Baume Spécial Tétée tout d'abord à l'entrée du vagin et le reste sur la partie extérieure du périnée (entre l'anus et le vagin). En utilisant le bout des doigts des deux mains, pressez jusqu'à ce que la résistance de cette bande musculaire se relâche puis glissez les doigts du centre vers les côtés jusqu'à ce qu'ils touchent l'arête des os les plus bas du bassin (ou pointe des fesses). Retournez vers le centre et répétez ce mouvement de pression et d'étirement sur les côtés. Répétez ensuite plusieurs fois ce mouvement de pression et de glissement d'arrière en avant vers l'entrée du vagin. Il est important de presser fermement afin d'exercer un étirement correct mais pas au point d'être douloureux, une légère sensation de picotement est cependant normale.

Cette sensation aide également à se préparer à l'étirement profond ressenti lorsque la tête du bébé apparaît. Vous pouvez appliquer une noisette du produit juste avant cette phase pendant l'accouchement.

## LA TECHNIQUE DE LA MONTRE

Semi-assise, appuyée contre des oreillers, les jambes écartées.

On introduit le pouce à l'intérieur du vagin. Pour vous repérer, midi correspond à votre clitoris. Vous pouvez vous aider avec un petit miroir pour vous repérer les premières fois.

L'index et le majeur juste au-dessus de l'anus à 6 heures.

Vous exercez des petits mouvements de massage puis des petites pressions entre 3 heures et 9 heures. Respirez à chaque pression en appuyant quelques secondes à chaque heure pour exercer une pression douce. Votre périnée va doucement apprendre à s'étirer pour être prêt le jour J.

Selon vos envies, le périnée peut être massé par vous-même ou par le futur papa dès le début du 8e mois, c'est-à-dire pas avant la 34e semaine de grossesse.

Vous pourrez détendre cette zone en appliquant un linge tiède à la fin du travail de l'accouchement (juste avant l'expulsion de Bébé) mais aussi en apprenant à masser votre périnée.

Allez-y à l'instinct : massage externe ou massage interne, les deux sont possibles et bénéfiques.

Toutes les futures mamans ne sont pas forcément à l'aise avec le massage de leur périnée. Le futur papa peut être d'une grande aide et vous pouvez partir à la découverte du périnée à deux !

## COMME UNE GEISHA !

Pendant l'acte sexuel, une fois que votre amant vous a pénétrée, contractez les muscles de votre plancher pelvien en serrant le pénis avec votre vagin. Essayez de maintenir la contraction quelques secondes, puis relâchez.

# CONTINUEZ À FAIRE VOTRE BELLY BALLON BÉBÉ

## RAPPEL

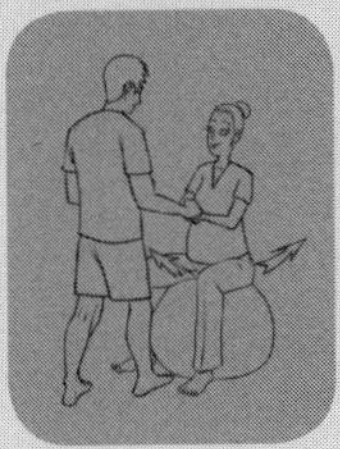

LE BERCEMENT (P. 124)

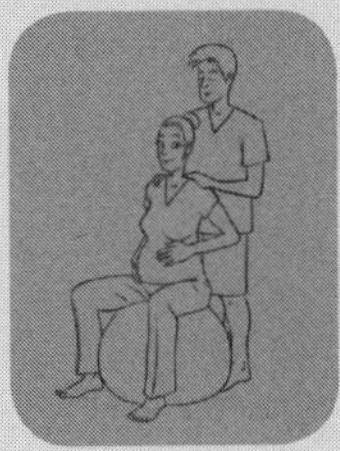

MASSAGE-COUPLE (P. 125)

PAROLES DE MAMAN ET DE PAPA

**Claire et Mathieu, parents de Clarisse, 3 mois**

« Nous avons commencé à nous servir du ballon suisse très tardivement pendant la grossesse. Mais connaître les positions à utiliser en couple nous a été très utile en salle d'accouchement pour soulager la douleur des contractions. Et surtout, nous sommes restés très unis et complices pendant l'accouchement. Nous avions tous les deux un rôle important. Cette complicité est toujours là ! »

## PARTIE V

# BÉBÉ EST LÀ

# On n'est pas que des parents… on reste amant

La formule prend vraiment tout son sens après la naissance de Bébé.

On ne le répétera jamais assez : parents et amants, c'est possible !

D'abord, bravo ! Bébé est né, il vous reste à apprendre à résoudre cette petite équation : 1 + 1 = 3 ! Ce n'est pas forcément évident au début de retrouver une intimité de couple, et puis pourquoi se le cacher, ce n'est pas non plus la priorité des nouveaux parents. Il est pourtant important de savoir que vous avez le droit de faire l'amour après la naissance de votre bébé. Il faut simplement attendre la cicatrisation de votre épisiotomie si vous en avez eu une, et patienter un mois (la fin des saignements) pour éviter les risques d'infection. Ce temps peut être plus long si vous avez accouché par césarienne.

Pourtant, rien de mieux que de penser un peu à votre vie amoureuse pour éviter la crise du couple. Loin de moi l'idée de vous effrayer, mais sachez que pas moins de 45 % des couples en Île-de-France se séparent avant les 3 ans de leur enfant.

Cela dit, que la nouvelle maman vive une relation fusionnelle avec son bébé qui la comble, et que le nouveau papa considère sa femme essentiellement comme une maman est un passage un peu obligé. Cette phase est d'ailleurs importante pour vous aider à trouver vos marques.

Vous pouvez tous les deux vous désintéresser de la sexualité les premiers temps après la naissance de Bébé, mais n'oubliez pas qu'être une maman sexy, c'est possible et que vous devez rester connectés l'un à l'autre.

Difficile de rester amants quand maman est épuisée, a mal à son épisiotomie, que papa a du mal à assurer au lit après trois nuits blanches et son retour rapide au travail, que l'allaitement ne booste pas la libido (c'est même le contraire) et qu'il faut apprendre à retrouver une intimité malgré les interruptions de Bébé ? Oui. Mais rien d'impossible.

Il faut réinventer votre sexualité et recommencer en douceur avec des massages, des caresses, des jeux érotiques et, surtout, beaucoup de communication.

# Les principaux freins à la sexualité avec l'arrivée de bébé

- Le manque de sommeil.
- Le manque de temps.
- Bébé qui dort dans la chambre parentale et qu'on a peur de réveiller. Vive le co-dodo (cette pratique qui consiste à dormir avec son bébé dans le lit parental, ou à l'installer dans un lit accolé, n'a que des avantages si on la fait dans les règles)… mais il faut changer ses habitudes sexuelles pour ne pas risquer de réveiller le petit trésor.
- Le corps de la nouvelle maman qu'on ne trouve pas au top (même si c'est plus que normal).
- Le nouveau papa qui ne voit plus sa femme que comme une mère (assez courant mais il ne tient qu'à vous de lui montrer que la sensualité est toujours là…).

PAROLES DE MAMANS

**Claire, maman de Jean, 3 mois**

«J'ai encore mal à la cicatrice de mon épisiotomie et la sage-femme m'a conseillé de masser l'endroit avec une huile de massage spéciale pour le périnée. Je l'ai raconté à mon mari et il m'a demandé de ne plus lui parler de ce genre de détails "tue-l'amour" pour lui. Moi, j'aimerais qu'il comprenne que l'accouchement a bouleversé mon corps et que je n'ai plus forcément envie des mêmes choses qu'avant.»

**Élisabeth, maman de Matéo, 6 mois**

«Mon mari me trouvait très belle et voulait reprendre les câlins juste deux semaines après la naissance de mon fils. Je trouvais ça complètement dingue. J'avais l'impression qu'il niait ma fatigue, mes douleurs, mes envies et je lui en voulais beaucoup. J'avais besoin d'être écoutée, entourée, câlinée avec douceur, mais rien de vraiment sexuel.»

**Sarah, maman de Louise, 1 mois**

«Depuis l'accouchement et la chute de mes hormones de grossesse, j'ai l'impression que ma libido s'est effondrée par la même occasion. En plus, le papa ne me regarde plus que comme la mère qui doit s'occuper de Bébé, le nourrir. Notre sexualité n'existe plus pour le moment.»

## ET LE PAPA ?

L'arrivée de Bébé est une véritable révolution pour la plupart des pères : peur des nouvelles responsabilités, peur des changements que Bébé va apporter au sein du couple mais aussi, peur suscitée par le bébé lui-même !

Bébé peut lui sembler si fragile qu'il peut se sentir dépassé et ne plus savoir comment s'y prendre pour trouver sa place auprès de la nouvelle maman.

**PAROLES DE PAPAS**

**David, papa de Jean, 3 mois**

«Il faudrait que ma femme me donne le nouveau mode d'emploi ! Elle ne veut pas que je touche ses seins car elle allaite et cela la gêne, elle ne veut pas de pénétration à cause de l'épisiotomie. Moi, j'ai déjà du mal à oublier les images peu glamour de l'accouchement. J'aimerais vraiment qu'on retrouve une intimité et une sexualité épanouie sans se poser mille questions.»

**Laurent, papa de Léa, 2 ans**

«Ma femme a allaité ma fille 5 mois et le lait coulait pendant l'amour. Je trouvais cela sensuel et en même temps souvent inattendu. Cela ne nous dérangeait pas. Mais la première fois, cela peut surprendre !».

**Mathias, papa de Léo, 6 mois**

«Notre sexualité post-grossesse, je la vois comme des moments qu'il faut voler entre deux biberons. Il faut vite profiter de ces instants en espérant que les pleurs de notre fils ne viennent pas interrompre notre intimité.»

# Quelques idées de mamans pour réveiller la libido du nouveau papa

- On commence par un vrai baiser de cinéma.
- On enfile une petite robe noire et… rien d'autre.
- Après la dernière tétée de Bébé, on essaye de lui lire un passage d'une nouvelle érotique.
- Reprenez confiance en vos capacités de séduction : rien de mieux qu'une nouvelle coupe de cheveux pour vous sentir plus femme.
- Achetez quelques jolies nuisettes d'allaitement au lieu de garder les soutiens-gorge d'allaitement en coton blanc.
- Souvenez-vous des massages prénataux qu'il vous faisait et rendez-lui la pareille…
- Faites renaître le manque et le désir en partant ! Juste quelques jours avec Bébé et votre meilleure amie et dites-lui de vous rejoindre le week-end suivant. Effet garanti.
- Pour une fois, levez-vous de bonne heure et filez à la boulangerie avec Bébé lui acheter des croissants et son journal préféré.
- Essayez de vous lever avant lui, prenez une bonne douche, faites-vous belle et retournez vous coucher toute fraîche près de lui…

# Je gère les douleurs et les séquelles liées à l'accouchement

Les suites de couches correspondent à la période qui suit l'accouchement jusqu'au « retour de couches », qui sont les premières règles après l'accouchement. Vous allez devoir faire face à de grands bouleversements physiques et psychologiques. Savoir les gérer va vous permettre de vous retrouver en tant que femme et d'être une mère épanouie.

Voici quelques conseils tirés de mon livre *100 réflexes jeune maman* (Leduc.s Éditions) pour vous aider à retrouver votre féminité en douceur.

Les conseils d'Héloïse de Gouville, sage-femme, pour survivre aux premiers jours après la naissance de Bébé :

- **La fatigue :** profitez du congé prénatal pour prendre des forces, même s'il n'est pas toujours facile de dormir en fin de grossesse. Essayez de vous adapter au rythme de Bébé et pas l'inverse. Il faut dormir quand il dort, surtout la journée. Vous serez étonnée du dynamisme que votre bébé va vous donner en dormant aussi peu. Quand il s'agit de s'occuper de son bébé, on a toujours la force.

- **Le baby blues :** les crises de larmes en cas de baby blues peuvent être impressionnantes. Il est important de rassurer votre conjoint, qui peut s'inquiéter de vous voir dans cet état. (...) Si vous vous sentez débordée, n'hésitez pas à en parler avec la sage-femme ou le psychologue.
- **Les douleurs périnéales :** si les traitements médicamenteux ne suffisent pas, vous pouvez demander de la glace pour aider à diminuer l'œdème et pour anesthésier une zone douloureuse. Parfois, de simples éraillures (sur les grandes et petites lèvres) peuvent être douloureuses, notamment lorsque vous urinez. Vous pouvez dans ce cas faire couler de l'eau sur le périnée afin de diluer l'azote de l'urine.

Il est important de bien prendre soin de vous les premiers jours après l'accouchement. Bien vivre les suites de couches vous aidera à prendre confiance en vous en tant que nouvelle maman, mais aussi à retrouver votre corps de femme. Et peu importe qu'il ait subi un peu de changements, quelques kilos en trop, quelques vergetures.

Il ne faut pas que le *baby blues* du troisième jour se transforme en dépression post-partum, la fatigue en épuisement et que des tensions apparaissent dans le couple à propos de Bébé. Les questions toutes simples des premiers jours – Comment le changer ? Faut-il le prendre dans les bras à chaque fois qu'il pleure... ou pas ? – ne doivent pas finir en *baby clash*.

Si vous avez eu une épisiotomie pour l'accouchement ou des déchirures, vous pouvez ressentir des douleurs plusieurs semaines après la naissance de Bébé.

Voici un petit massage de la cicatrice du périnée.

Le nouveau papa peut faire ce massage pour vous.

> ***Mode d'emploi : assise confortablement, genoux fléchis, jambes écartées : on pince la cicatrice du périnée à l'aide de l'index à l'intérieur du vagin et le pouce à l'extérieur. Faites un massage circulaire pour assouplir la cicatrice.***

PAROLES DE MAMAN

Ève, maman d'Adèle, 4 mois

« C'est mon mari qui faisait les massages du périnée avant mon accouchement. Alors, c'est tout naturellement qu'il s'est proposé quelques semaines après la naissance. Cela m'aide beaucoup pour reprendre confiance en ma féminité. »

# Je prends soin de mon périnée après l'accouchement

Ces gestes simples vont vous aider à avoir des relations sexuelles plus satisfaisantes en vous permettant de retrouver votre plaisir vaginal.

- Les exercices de Kegel (extrait des exercices de renforcement du plancher pelvien fourni par la compagnie pharmaceutique Procter et Gamble). Vous pouvez également les faire à deux ! (*On se retrouve p. 99.*)

**Exercice 1 :** Étendue sur le plancher ou le lit, respirez profondément et serrez le muscle anal, en tirant vers l'intérieur et vers le haut.

**Exercice 2 :** Serrez maintenant les muscles du vagin, en tirant vers l'intérieur et vers le haut. Gardez serrés les muscles de l'anus et du vagin et comptant lentement jusqu'à 10. Continuez à respirer profondément et régulièrement. Puis détendez-vous !

- Les séances de rééducation périnéale à faire chez un kinésithérapeute ou une sage-femme : 10 séances prises en charge par la Sécurité sociale.
- Le Ballon suisse… et la méthode « Belly Ballon Bébé » mise au point par Nadège Vasseur pour vous aider à

récupérer en douceur après la naissance de Bébé. Cela a un impact très positif sur votre sexualité.

Voici un exercice pour faire travailler votre périnée sans y penser, en regardant la télé ou tout simplement vous amuser en vous faisant du bien.

- Position de base sur le ballon : assise au centre du ballon, genoux pliés, pieds écartés de la largeur des épaules. Vous ne devez ressentir aucune tension. Chevilles dans l'alignement des genoux (pas en canard).
- Exercice pour faire travailler votre périnée : position de base sur le ballon. Contractez les muscles pelviens et sphinctériens. Gardez la contraction tout au long de l'exercice. Faites rouler le ballon vers l'avant de manière à vous retrouver légèrement penchée en arrière. Le coccyx est tiré vers le bas et le sacrum est contre le ballon. Vous êtes en position semi-couchée. Expirez pour revenir en position neutre.
- Pour avoir le programme complet : *100 réflexes jeune maman* de Mélanie Schmidt-Ulmann ou contactez **bellyballonbebe@gmail.com**.

▪ Comme une geisha :

Pendant l'acte sexuel, vous serrez le plus possible le pénis de votre amoureux avec votre sexe. Ce petit exercice va vous aider à retrouver des sensations de plaisir…

Vous pouvez aussi serrer les doigts du papa dans votre vagin, comme pour le massage du périnée avant l'accouchement.

## LES BOULES DE GEISHA

Pour vous aider à « retrouver » votre vagin, car beaucoup de femmes ont l'impression qu'elles se sont élargies : cela devient beaucoup moins agréable pendant les relations sexuelles. Elles se sentent aussi beaucoup moins sexy... il faut donc faire travailler le périnée.

Les boules de geisha, que l'on trouve dans les « love shop » ou en ligne, permettent de décupler votre plaisir. Initialement destinées à augmenter le plaisir de l'homme au moment de l'orgasme, les boules de geisha sont aujourd'hui utilisées par de nombreuses femmes pour remuscler le périnée après un accouchement ou tout simplement accentuer les sensations lors de rapports intimes. Vous allez apprendre à maîtriser vos muscles du périnée et retrouver vos sensations d'avant grossesse.

En vente sur **www.aumoulinrose.com**.

**PAROLES DE MAMAN**

**Élisabeth-Anne, 30 ans, maman de Rose 2 ans et de William 2 mois**

« Mon mari n'arrête pas de me demander de faire l'amour. Il dit que je suis belle et épanouie. Moi je me trouve grosse, la peau distendue et je suis épuisée. Je ne comprends pas comment il peut penser à ça. »

## Mes conseils de doula

- Impliquez complètement le papa dans toutes les tâches matérielles à faire avec un bébé : les courses, les lessives, la cuisine. Il devrait finir par comprendre qu'on peut penser à autre chose qu'à la sexualité pendant quelque temps !
- D'accord pour respecter ce temps de découverte de votre bébé et de votre nouvelle vie de maman. Mais essayez de rester un peu sexy : un coup de blush, une nouvelle coupe chez le coiffeur (cela ne vous prendra qu'une heure… et une heure rien qu'à vous) et on range les vêtements de grossesse pour le petit frère ou la petite sœur. Il faut rester dans un état d'esprit où vous vous sentez un peu femme quand même et être ouverte à l'idée que la sexualité va revenir… dans quelques semaines.

**Laure, 35 ans, enceinte de son troisième garçon, se confie sur le post-partum pour ses autres bébés d'un premier papa**

« Après mon deuxième accouchement, la reprise de la sexualité a été difficile car le papa ne voyait en moi qu'une mère et mon corps ne l'attirait plus du tout. J'ai le souvenir d'un soir où je me lamentais sur l'état de ma poitrine et où le papa, au lieu de me réconforter m'a dit : "Elle est vraiment moche, tu es sûre qu'il n'y a rien à faire ?" De quoi inhiber toute pulsion sexuelle pendant des mois. Puis nous nous sommes séparés. »

# L'allaitement est-il incompatible avec la reprise de la sexualité ?

Un seul mot d'ordre : oui à la sexualité, même si on allaite.

Cela dit, dans la pratique, certains petits inconvénients de l'allaitement peuvent venir perturber votre libido. Le pic de prolactine, en particulier, peut faire chuter votre désir.

**PAROLES DE MAMAN**

**Sylvie, maman de Marie, Anne, Pierre et Marc**

« Les premiers rapports après la grossesse n'ont pas été très enthousiastes ni très désirés. L'allaitement a eu chez moi un impact négatif sur ma libido. »

***Le conseil de Sylvie :*** « Si vous ne ressentez aucune douleur quelques semaines après l'accouchement, cela vaut la peine de se forcer un peu. Il faut rester dans la séduction : pour moi c'est ce qui est le plus important. Rester désirable pour l'autre même s'il ne se passe rien sexuellement. Cela reviendra. »

- La symbiose avec Bébé : certaines femmes vivent une symbiose avec leur tout-petit et n'ont pas besoin de vie sexuelle… pour le moment. Les besoins de tendresse sont comblés !

- L'allaitement favorise la sécheresse vaginale, due à la chute des hormones de grossesse : il ne faut pas hésiter à utiliser du lubrifiant. Il y en a pour toutes les envies : effet glaçon, effet chauffant ou lubrifiant tout simple…

### Mon conseil de doula

Il faut se rappeler que la sécheresse vaginale peut produire des troubles de l'excitation, alors, autant penser au lubrifiant et en plus, cela permet de repenser aux préliminaires.

Ce n'est pas parce que Bébé prend le lait au sein de sa mère, que cela doit empêcher ses parents d'avoir des relations sexuelles, et puis le papa aussi peut boire le lait à la source !

PAROLES DE PAPA

**David 35 ans, papa de Louis**

« Louis est mon deuxième enfant et je sais que, passée l'appréhension initiale et en laissant un peu de temps pour la récupération physique après l'accouchement, l'allaitement n'empêche pas la sexualité, loin de là : les seins redeviennent des objets sexuels, le lait peut couler pendant l'amour et je trouve ça très attirant. »

***Le conseil de David :*** « Il ne faut pas penser qu'allaiter Bébé est incompatible avec la sexualité et y voir un mélange des genres. Bébé prend du lait pour se nourrir et pour le papa, cela reste un jeu sexuel. Rien à voir. C'est plus facile quand ce n'est pas le premier bébé de prendre conscience de cela. »

Attention, l'allaitement n'est pas un moyen de contraception, sauf si vous vous respectez la méthode « Mamma » à la lettre.

- Allaitement à la demande nuit et jour (au moins 6 à 10 fois par 24 heures).
- Pas plus de 6 heures entre les tétées.
- Que du lait maternel : ni eau, ni diversification alimentaire.
- Ne pas avoir eu son retour de couches, c'est-à-dire le retour de ses règles.
- Le lait bu à la source : pas de biberons ni de tétines !
- Bébé doit avoir moins de 6 mois.

# Apprendre à vivre à 3 avec maman / papa / bébé : le risque du «bébé clash»

Des nouvelles données : la fatigue, le rythme du bébé, la place du père. Autant de risques de tension qu'il faut pouvoir prévenir et gérer.

Bernard Geberowicz, psychiatre et thérapeute familial, parle du concept de « *baby clash* ». Il faut d'abord savoir que la naissance de votre bébé va vous transformer. Vous allez être changés par la maternité et la paternité, Bébé va interrompre vos moindres rapprochements de couple. Il faut donc tout faire pour éviter le « *baby clash* ». Le couple doit rester tout aussi important que le bébé même si c'est aux parents à prendre le « rythme bébé » et non l'inverse.

Il faut relancer l'envie de se retrouver tous les deux ne serait-ce que quelques minutes.

Même les couples très unis avant la naissance peuvent connaître des difficultés : d'une fusion à deux, on passe à une relation fusionnelle entre maman et son bébé et papa a, au début, du mal à trouver sa place.

### Mon conseil de doula

- Ne pas rentrer dans une logique de compétition entre les parents comme par exemple « J'ai changé plus de couches que toi », « C'est toujours moi qui endors bébé », etc.
- Et ne pas se forcer à reprendre une vie sexuelle au plus vite mais seulement quand vous vous sentirez prêts. N'oubliez pas les habitudes prises pendant la grossesse pour rester connectés sensuellement.

---

**PAROLES DE MAMANS**

**Linda, maman de Julie, 6 mois**

« Je suis restée très active pendant toute ma grossesse. Future maman très épanouie : je continuais à travailler, à sortir avec mes copines, à avoir envie de faire l'amour très souvent. Et je me suis effondrée à la naissance de ma fille et le papa n'a pas compris. Il a un peu pris la fuite au lieu de m'aider. On ne s'attendait pas à un tel bouleversement. »

***Le conseil de Linda :*** « Il faut prévenir les futures mamans que tout ne se passe pas comme dans les magazines. On n'enchaîne pas forcément une grossesse heureuse et paisible avec une arrivée de Bébé dans le calme et la sérénité. C'est encore plus dur pour un couple qui n'a rien changé pendant la grossesse. Il faut anticiper ! »

### Mon conseil de doula pour rester une « maman sexy »

- Il faut parfois planifier. Votre vie est déjà très chronométrée par le rythme de Bébé : son bain, ses tétées, ses changes, ses heures de dodo. Mais pourquoi ne pas prévoir un petit rendez-vous en amoureux ou même, pourquoi pas, un « plan sexe ».

## LE PLAN SEXE EN QUELQUES CLÉS (À ADAPTER SELON VOS ENVIES ET VOS POSSIBILITÉS)

1. On réserve une baby-sitter ou l'on demande à mamie de venir garder Bébé quelques heures. Encore mieux : on le laisse chez mamie pour avoir la maison rien qu'à deux.
2. La nouvelle maman enlève ses habits de grossesse qu'elle a gardés pour le confort et conserve juste ses sous-vêtements d'allaitement sexy *(voir shopping du guide pratique p. 207)* et enfile une petite robe noire. (Nous en avons toutes une dans nos placards et il suffit de rajouter un joli collier, quelques gouttes de parfum et le tour est joué !)
3. Le nouveau papa va faire un effort pour ne plus regarder sa femme juste comme une maman car elle a laissé son bébé quelques heures… Il essaie de se souvenir qu'elle reste quand même une bonne mère.
4. Éviter le thème « bébé » : ses couches, son allaitement, ses nuits… juste pour quelques heures pour éviter les sujets à polémique.
5. Regardez-vous comme pour votre premier rendez-vous et vous allez vous trouver tous les deux très séduisants et désirables.

***À savoir : cela ne marche pas forcément la première fois, mais l'important est de rester connectés, de rester ouverts à l'idée d'essayer la sexualité à nouveau. Et puis, essayez de programmer ce « plan sexe » régulièrement. Vous pouvez aussi changer le « plan sexe » pour un « plan resto », un « plan cinéma » pour faire des choses ensemble.***

# Faites renaître le désir

## LE MASSAGE

Le massage-bébé est un moyen de passer des moments privilégiés avec Bébé et de le replonger dans le bien-être qu'il ressentait dans le ventre maternel.

Mais le massage à deux avec votre compagnon, que vous avez découvert pendant la grossesse, est un excellent moyen pour garder le contact physique même sans avoir de relations sexuelles.

En thalassothérapie par exemple, on propose des « massages couple » pour passer un moment de détente à deux. Mais le mieux est d'apprendre à « toucher » l'autre pour lui apporter un massage de confort non professionnel mais rempli d'amour et qui permet de soulager les tensions…

Pour aller plus loin : **www.myeskua.com**, crée par Katixa Dichon, 3 heures d'atelier pour 90 euros par personne.

### Parole d'expert

**L'avis de Katixa**

« En postnatal, les papas qui venaient en prénatal ne reviennent plus. Je préconise encore de masser la nouvelle maman : les trapèzes et les dorsaux car la maman peut avoir des douleurs à cause du portage et de l'allaitement de bébé, les jambes et aussi le ventre. Pour le ventre, faire le massage deux mois après la naissance. »

Et aussi **www.ococcon.fr**, créé par Jodie Esposito pour découvrir des massages du monde non thérapeutiques et aux noms évocateurs : Abhuanga qui est ayurvédique, Nana Bo'Rarn qui est traditionnel thaïlandais mais aussi Esalen aux huiles ou étoilé…

« S'offrir un moment pour découvrir ou redécouvrir ce véritable art du toucher qu'est le massage. Prendre le temps de détendre corps et esprit et s'éveiller à d'autres possibles, partager grâce à un toucher respectueux, un sentiment de confiance et de liberté, apprendre à recevoir et à donner. » Très belle description tirée de : **www.ococoon.fr**.

### Mon conseil de doula

On pense beaucoup au massage-bébé après l'accouchement pour partager des moments privilégiés avec Bébé : bien-être, meilleur sommeil, soulagements de certains maux. Tous les bienfaits marchent aussi pour les massages entre le papa et la maman pour retrouver confiance en soi, détente et plus si affinités.

## PENSEZ À VOTRE COUPLE ET PAS SEULEMENT À BÉBÉ

J'ai trouvé le « kit de sauvetage du couple » qui devrait être affiché sur tous les réfrigérateurs à côté de la liste de courses avec les couches à acheter, les petits pots... Il s'agit de 4 conseils « Made in maman, 100 % vécu » que j'ai trouvés sur le site **www.my-egg.fr** et que je ne me lasse pas de recommander aux nouvelles mamans. Une petite feuille à imprimer sur le site dans la rubrique « les kits » et à lire et relire... pour ritualiser votre mise en beauté, sanctuariser votre chambre, mystifier la femme qui est en vous, immortaliser le couple. Des idées simples mais auxquelles il faut penser plus souvent.

## FAITES DU SHOPPING DE TENUES SEXY !

Même si vous n'avez pas le temps de courir les magasins, vous pouvez faire votre shopping en ligne de chez vous pour retrouver vos marques préférées. Choisissez des pantalons taille basse, des jolies blouses imprimées mais ne remettez pas vos affaires de grossesse. Vous êtes en période de transition et ce n'est pas une raison pour rester en pyjama. Pensez à agrémenter vos tenues avec des bijoux et maquillez-vous même un tout petit peu. Vous allez changer tout de suite d'état d'esprit et vous serez plus ouverte à l'idée que vous pouvez encore plaire au nouveau papa. Alors, désireuse d'essayer ? Suivez le guide...

## PENSEZ À VOUS : NOUVELLE MAMAN ET NOUVEAU PAPA MAIS QUI ONT ÉTÉ AMANTS !

Remettez la sexualité comme sujet important dans votre couple.

Cela peut paraître déplacé car vous ne pensez que récupération de vos nuits trop courtes, changes de Bébé, bain de Bébé… mais votre couple va être un nouveau couple après la naissance. Si vous avez été une future maman épanouie sexuellement pendant la grossesse, cela sera plus facile ; si vous avez été juste ouverte à l'idée d'essayer la sexualité pendant la grossesse, cela sera aussi assez facile de vous sentir maman et femme.

Pour celles et ceux qui ont mis leur libido entre parenthèses ou presque pendant 9 mois, cela risque d'être plus compliqué de retrouver une complicité et d'oublier la frustration…

**Mon conseil de doula**

Il faut discuter de ce que vous ressentez et rester dans la communication : dire ce qui vous ferait plaisir physiquement, ce qui vous fait mal. Il faut dire les choses comme vous les ressentez. Le mode d'emploi a changé : de deux, on passe à trois. On devient une famille avec tout ce que cela implique : la relation fusionnelle entre maman et son bébé, la fatigue, l'emploi du temps régi par Bébé qui dépend de ses parents à 100 %…

Voici quelques idées de nouvelles mamans pour trouver du temps de qualité afin de rester un couple amoureux…

**Marilyne, maman de Clara**

« Il faut partager des activités à 3. La découverte du massage-bébé ensemble, nous a permis de partager des moments de complicité et de découverte. Le voir masser notre bébé m'a beaucoup émue et touchée. Il est redevenu "craquant". »

**Marie-Agnès, maman d'Adèle**

« Depuis la naissance de notre fille, nous avons appris à voler des moments d'intimité partout où l'on pouvait : lire le journal ensemble au petit déjeuner, se retrouver sous la douche même quelques minutes et se savonner l'un l'autre. »

**Valérie, maman de Louis**

« J'ai eu tendance à oublier que mon mari avait une vie à l'extérieur de la maison depuis la naissance de notre bébé. Mais je lui repose des questions sur son travail, ses collègues et on évite de ne parler que du sujet bébé. »

## Mon conseil de doula

- Il faut rester dans la communication positive et ne pas juste se plaindre que la vie avec Bébé est difficile.
- Les premiers temps avec Bébé sont intenses en émotion et cela passe vite, trop vite. Il faut savourer le temps de découverte de votre nouvelle famille et les relations de couple suivront naturellement si vous gardez le contact et l'amour.
- Il vous faudra du temps mais vous êtes toujours la femme que vous étiez avant la grossesse. On peut être une «maman sexy» c'est-à-dire à la fois maman et femme.
- Il faut vous remettre «en condition» : les massages duo, les bains à deux (attendre un mois après l'accouchement), les petits dîners aux chandelles, les caresses…

# Je recharge les batteries!

Pendant la grossesse, vous avez découvert comment la fatigue a pu devenir l'élixir du sexe *(voir partie consacrée au premier trimestre de la grossesse, p. 13)*. Vous sentir à nouveau désirable et désirée peut vous aider à retrouver votre confiance et être plus ouverte à l'idée de reprendre une vie sexuelle.

Quelques clés pour reprendre des forces et avoir plus envie :

- Chouchoutez votre corps : vous avez mis au monde votre bébé et votre peau se relâche. Continuez les huiles de massage et les crèmes antivergetures.
- Achetez-vous des sous-vêtements d'allaitement sexy ou une jolie blouse, une paire de boucles d'oreilles…
- Reprenez des activités physiques en douceur : vous pouvez très bien commencer à faire de belles promenades avec Bébé dans sa poussette, reprendre les exercices de « Belly ballon bébé » (*rendez-vous p. 124*) 6 semaines après la naissance ou encore continuer les cours de yoga…

- On retrouve la ligne en douceur en continuant d'appliquer les règles adoptées pendant la grossesse : 3 repas par jour à savourer, 8 verres d'eau par jour, une alimentation riche en fer (céréales complètes comme le sarrasin, le quinoa, les lentilles), on ne se pèse qu'une fois par semaine.
- On attend toujours le retour de couches et la fin de l'allaitement pour faire un régime.
- On reste zen !

# Le guide pratique pour être des parents épanouis, détendus et amants !

Petit rappel : les positions de la grossesse fonctionnent encore et vous permettent de reprendre une activité amoureuse !

## MON KAMA-SUTRA DU POST-PARTUM !

### NE ZAPPEZ PAS LES PRÉLIMINAIRES

Il faut vous remettre « en condition » et oublier le quotidien un peu harassant. Comment faire quand vous n'avez qu'une heure devant vous ? Eh bien, prenez un bain ensemble, enduisez-vous d'huile de massage l'un l'autre avant de filer au lit… Non, pas pour récupérer de votre rythme biberons/couches mais pour une séance de caresses qui pourra aboutir (ou pas) à l'acte sexuel. En tout cas, vous allez à nouveau érotiser un peu votre vie de parents.

### « METTEZ LE NOUVEAU PAPA… AU PIED DU LIT »

Pendant la grossesse, c'était pour ne pas peser sur votre ventre. Maintenant, c'est pour ne pas perdre l'habitude d'avoir été inventifs pendant neuf mois et de varier les positions de l'amour.

Explications : vous l'amenez à rejoindre le bout de votre lit. Vos fesses sont au bord du lit, un pied posé au sol et l'autre sur une chaise. Lui a les genoux au sol sur des coussins moelleux, pour le confort quand même, et colorés – tant qu'à faire. Laissez-le faire, laissez-vous faire : il vous admire et redécouvre votre corps.

## CONTINUEZ LA POSITION DES PETITES CUILLÈRES

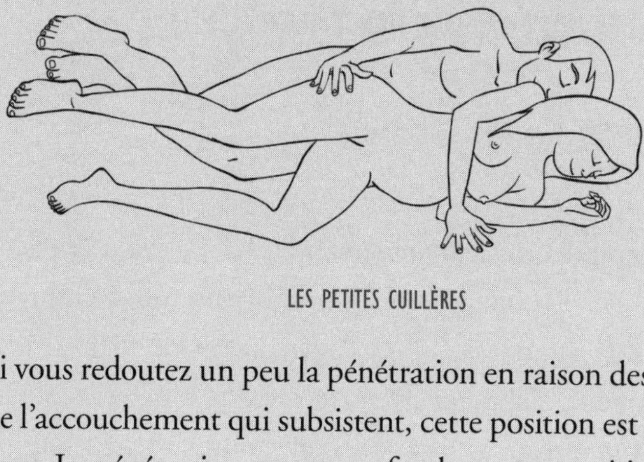

LES PETITES CUILLÈRES

Si vous redoutez un peu la pénétration en raison des douleurs de l'accouchement qui subsistent, cette position est faite pour vous. La pénétration est peu profonde et cette position favorise les caresses.

Vous êtes allongée sur le côté, lui est derrière vous. À vous les caresses et une pénétration douce. Une position qui favorise l'enlacement à deux.

**LA POSITION IDÉALE POUR VOUS**

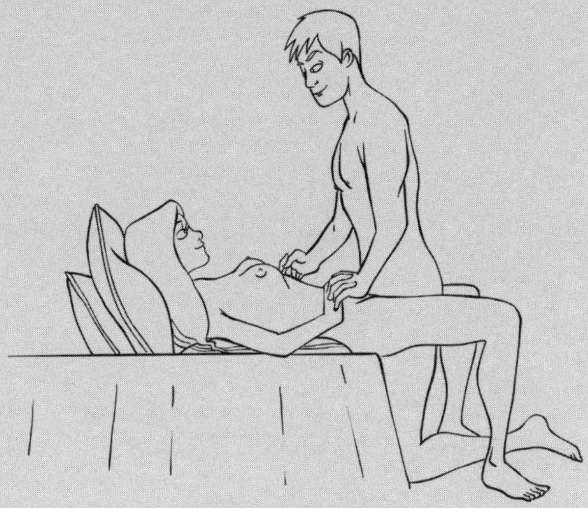

LA POSITION SEMI-INCLINÉE

Elle est à préférer pour la reprise des rapports sexuels après l'accouchement: elle permet de bien contrôler la force et la profondeur de la pénétration.

La femme est allongée sur le lit, ses fesses étant au bord du lit et ses jambes posées au sol. L'homme est à genoux devant elle et la pénètre. Les deux partenaires peuvent se tenir par les mains.

## UN GRAND MOMENT DE CÂLIN

LA POSITION DU TAILLEUR

Autre position du post-partum, celle-ci favorise le plus grand contact de peau entre les partenaires et insiste sur la tendresse.

L'homme et la femme sont assis face à face en tailleur. Les jambes de l'homme forment un plus grand angle et font le tour du bassin de la femme. Les jambes de la femme, plus remontées, enserrent les hanches et les flancs de l'homme. La femme entoure les épaules de l'homme de ses bras. Celui-ci pose ses mains sur les fesses ou le bas du dos de la femme. Tous deux s'embrassent langoureusement.

## ET LA TENDRESSE ?

Les baisers de la sexualité indienne à essayer, comme par exemple les baisers du Kama-sutra : le partenaire embrasse la lèvre supérieure de son amante. En retour, elle lui embrasse la lèvre inférieure. Cela peut se pratiquer simultanément, lèvres emboîtées ou en alternance, l'homme et la femme embrassant tour à tour. Ce n'est pas simplement un baiser, mais une caresse ultra-sensuelle. Les deux lèvres peuvent presser plus ou moins fort, effleurer, mordiller, câliner la lèvre cible des baisers. Effets : certains baisers éveillent plutôt la tendresse, d'autre l'excitation sexuelle. Le baiser de la lèvre supérieure présente l'avantage d'être à la fois un baiser tendre et érotique. À quel moment le donner ? Il peut se pratiquer à tout instant, même en dehors d'un moment sexuel, comme un moment érotique, ou pendant les préliminaires.

## ET LES CARESSES ?

Si votre épisio vous fait encore souffrir ou que vous ne voulez pas que le papa touche vos seins nourriciers, essayez d'autres zones érogènes de vos corps (le sacrum par exemple). Mettez-vous dans l'ambiance : des lumières tamisées, une serviette chaude au sol. On s'enduit d'huile de massage *(voir recette plus loin p. 206)*.

À lire : Christine Baumanns, *Massages d'amour*, Leduc.s Éditions.

## FAITES PÉTILLER LE QUOTIDIEN : BOUGIES, HUILE DE MASSAGE, THÉ D'AMOUR...

Vous n'avez ni le temps ni l'envie de sortir, transformez votre chambre en nid d'amour.

### UN DÎNER APHRODISIAQUE

Huîtres, coriandre, gingembre, chocolat, vanille, cannelle et épices... autant d'ingrédients considérés comme aphrodisiaques qui échauffent les sens.

Vous pouvez aussi tenter le poulet à la vanille, le bœuf sauté au gingembre *(voir p. 84)*...

### PAS ENVIE, PAS LA FORCE DE FAIRE LA CUISINE ?

Préparez un chocolat chaud au gingembre (à râper dessus) et à la cannelle à déguster à deux.

Bon à savoir : le chocolat a des propriétés stimulantes et relaxantes mais stimule aussi les endorphines, les hormones du plaisir.

Chez les Aztèques, on préparait un mélange de cacao, vanille et miel. Rien de plus facile qu'une tasse de chocolat mousseux à partager en amoureux...

### À ESSAYER

« Thé Sweet love » : une invitation à l'éveil des sens. Un mélange doux et épicé de thé noir, de racine de réglisse de graines de guarana et de poivre rose. C'est le guarana qui vous apportera tonus et vigueur.

À laisser infuser 4 minutes. Vous trouverez tout cela à **www.kusmitea.com**.

### HUILE DE MASSAGE POUR ÉVEILLER VOS SENS APRÈS LA GROSSESSE (ET L'ALLAITEMENT) : LA RECETTE DE MARIE BOUSQUET

L'ylang-ylang est un puissant relaxant. En synergie avec le bois de rose, il permet de libérer les tensions ; on prête même à ces deux huiles essentielles des vertus aphrodisiaques… Quant à l'huile essentielle de mandarine, comme tous les agrumes, elle rééquilibre le système nerveux, aide à vaincre l'insomnie et redonne le sourire aux plus stressés ! (Attention : l'huile essentielle de mandarine est photosensibilisante, c'est-à-dire qu'elle peut provoquer des taches sur la peau si on s'expose au soleil après l'avoir appliquée. Mieux vaut donc l'utiliser le soir.)

### HUILE DE MASSAGE POUR ÉVEILLER VOS SENS

***Pour 100 ml d'huile de massage***

*7 cuillères à soupe d'huile végétale (amande, pépins de raisin...); 5 gouttes d'huile essentielles d'ylang-ylang (Cananga odorata); 5 gouttes d'huile essentielle de bois de rose (Aniba rosaeodora); 10 gouttes d'huile essentielle de mandarine (Citrus reticulata)*

- Mélangez les ingrédients dans une bouteille en verre bien propre. Laissez reposer quelques jours afin d'amplifier la synergie des huiles essentielles.

***Pour aller plus loin...***

Nous allons vous souffler des idées car vous n'avez plus le temps d'organiser vos soirées, et même vous montrer comment transformer votre propre salon en petit restaurant intimiste... ou des idées (un peu kitsch) pour déclarer votre amour.

Pour les plus paresseux (et aussi pour ceux qui ont un certain budget) **http://www.apoteosurprise.com**

Le concept de la babymoon expliqué dans le chapitre consacré au deuxième trimestre de la grossesse *(voir p. 116)* a été à l'origine créé pour que Papa, Maman et Bébé fassent connaissance et se reposent après l'accouchement. Si vous n'avez pas eu le temps de vous échapper quelques jours pendant la grossesse, profitez-en maintenant. Vous allez être chouchoutée et vous n'aurez pas besoin de vous occuper des courses, du ménage : juste de vous, de votre bébé et du papa (**www.baby-moon.eu**).

## MES BONNES ADRESSES

### SHOPPING SEXY

On garde les bonnes habitudes de « maman sexy » prises pendant la grossesse.
On oublie les soutiens-gorge d'allaitement qui vous font ressembler à une grand-mère (pas bon pour l'estime de soi ni pour la libido).
**www.madeinfemmes.com** propose les caracos d'allaitement où vous allez vous sentir pleine de charme et de séduction sans rien sacrifier au confort ni à l'aspect pratique. Le plus, c'est le système d'ouverture avec un aimant bijou et la boîte dans laquelle est présenté le caraco pourra vous servir à ranger quelques petits produits de votre bébé ou vos sous-vêtements sexy… (oui, vous avez le droit de penser à vous).

Modèle « Paris so chic » en dentelle, doublé microfibre pour le confort : 69,90 euros.

Un « love shop » ou « sexy store » pour trouver des cosmétiques intimes, de la lingerie très coquine en ligne mais aussi des adresses de boutiques. On peut même organiser une vente à domicile. Cela vous aidera à ranimer le désir… qui n'est pas si loin. (**www.yobaparis.com**)

PAROLES DE MAMAN

**Fabienne, maman de Léopold, 6 mois**

« Il ne faut pas être effrayé à l'idée de faire appel à ce style de boutique. Cela n'a rien de glauque et après la grossesse, j'ai eu besoin de redécouvrir la sexualité. Il y a plein de petits objets rigolos et pour commencer, je recommande les bougies de massage ou les jeux. »

***Le conseil de Fabienne :*** « Vous pouvez essayer les "dés à jouer gourmands". Il suffisait d'y penser pour remettre un peu de sensualité et de sexualité dans le couple qui ne pense qu'à Bébé, nous avons passé des moments de complicité très chauds et amusants à la fois. »

## PETITE LISTE DE PRODUITS À ESSAYER POUR RELANCER LA LIBIDO APRÈS LA GROSSESSE

- Un supplément de plantes aux vertus aphrodisiaques (gingembre, ginseng, sarriette, angélique) « Sex'n Sun Bio » 14,65 euros sur **www.tandem-sante.com**
- Un spray « Excite-moi » sur **www.senkys.com** pour des préliminaires ludiques.
- Un jeu de société « Mission intime » 45 euros, sur **www.passagedudésir.fr** pour stimuler votre énergie sexuelle et augmenter l'intimité dans votre couple.
- D'autres jeux de société sexy comme le jeu de l'oie coquin…

# CONCLUSION

Ce livre vous a donné des clés pour vous aider à traverser votre grossesse et l'arrivée de Bébé en étant des futurs parents heureux dans leur couple, puis des parents épanouis et toujours amants, même si cela demande beaucoup d'adaptation, d'écoute, et quelques modifications dans la manière de vivre votre relation. Vous voilà prête, je l'espère, à devenir une future ou nouvelle maman sexy !

À vous maintenant de mettre en application les conseils donnés par les mamans et les papas dans ce livre, mes conseils de doula. À vous aussi de permettre à d'autres femmes enceintes ou nouvelles mamans de ne pas laisser le sujet de la sexualité et du couple à l'écart de la grossesse et des premiers temps avec Bébé.

Lisez ce livre, conseillez-le aux couples autour de vous et n'hésitez pas à m'envoyer vos commentaires par mail (**contact@madoula.fr**).

Les thèmes de débat ne manquent pas : « Que font les femmes enceintes quand elles ont des nausées pour continuer à avoir une libido ? », « Est-il normal qu'une fois mon bébé né, cette fusion me suffise et que je délaisse un peu le nouveau papa ? »,

« Peut-on allaiter son bébé et laisser le papa jouer avec nos seins ensuite ? », « Quelles sont les positions que les autres utilisent en fin de grossesse ? »... et des dizaines d'autres.

Échangeons en ligne nos meilleures idées pour rester des mamans sexy et épanouies ! Partageons des conseils sur la libido pendant la grossesse et après l'arrivée de Bébé, des idées de shopping pour rester femme et des conseils pour le couple. Être parents et amants, c'est possible !

Construisez votre réseau de mamans sexy. Rien de mieux que de se sentir comme les autres futures mamans et nouvelles mamans.

Et surtout, ne laissez pas la sexualité rester un sujet tabou de la grossesse.

Pourquoi ne pas organiser des réunions entre futures mamans sur ce thème autour d'un petit déjeuner – par exemple chez une maman hôtesse –, comme je l'ai déjà fait avec des mamans pour les aider pendant l'allaitement.

Avec mon activité de doula, j'ai mis en place des « coffee morning allaitement » pour que les futures mamans s'entraident et trouvent des idées, des clés pour allaiter grâce aux discussions, aux témoignages... Pourquoi ne pas essayer de lancer l'idée près de chez vous sur le thème « Comment rester amants quand on devient parents ? ».

Essayez de déposer une petite affichette à la PMI de votre quartier par exemple, ou au cabinet de votre gynécologue, ou encore à la crèche près de chez vous… ou commencez avec vos amies qui sont de jeunes mamans : c'est incroyable comme vous allez apprendre plein de choses.

Vous pouvez aussi lancer une discussion sur le forum de l'un des magazines féminins : ils ont presque tous des rubriques « grossesse » et « maman ». Vous pouvez toujours découvrir les idées des autres mamans et faire le tri selon vos envies.

Oui, c'est possible de rester amants tout en devenant parents, vous pouvez même faire de la période de la grossesse l'un des moments les plus sensuels de votre vie de couple.

# VOTRE MÉMO
# DES POSITIONS

## MASSAGE DES SEINS

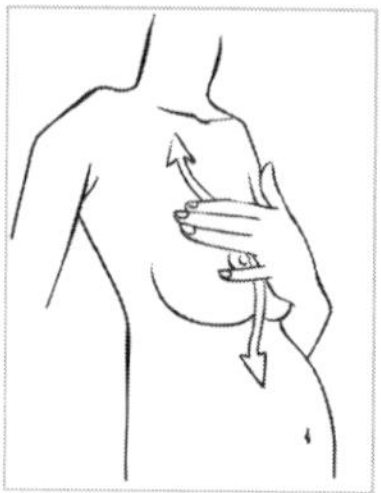

L'EFFLEURAGE

VOIR P. 60

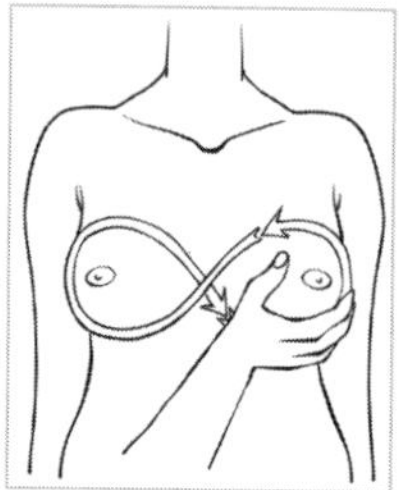

LE MASSAGE EN HUIT

VOIR P. 61

## POUR LE 1er TRIMESTRE DE LA GROSSESSE

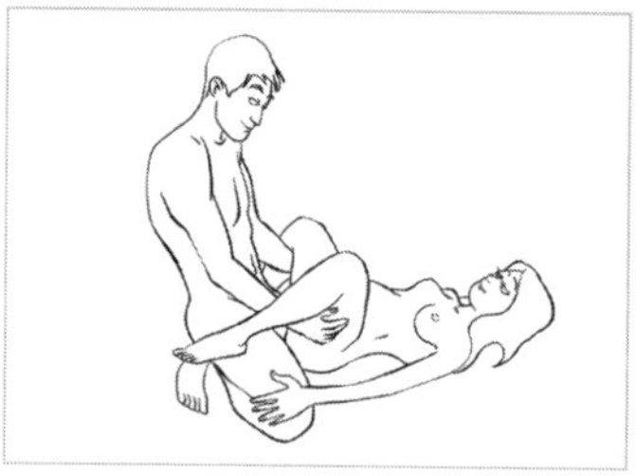

LE FACE-À-FACE

VOIR P. 74

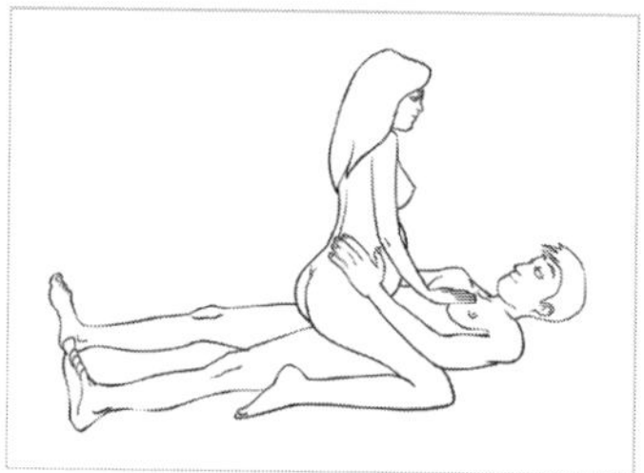

LA FEMME AU DESSUS

VOIR P. 75

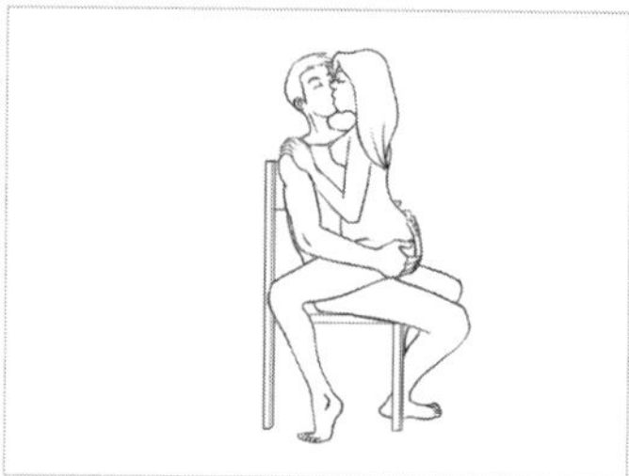

LA POSITION DE LA CHAISE

VOIR P. 75

LA POSITION FAVORABLE AUX CARRESSES

VOIR P. 76

## POUR LE 2e TRIMESTRE DE LA GROSSESSE

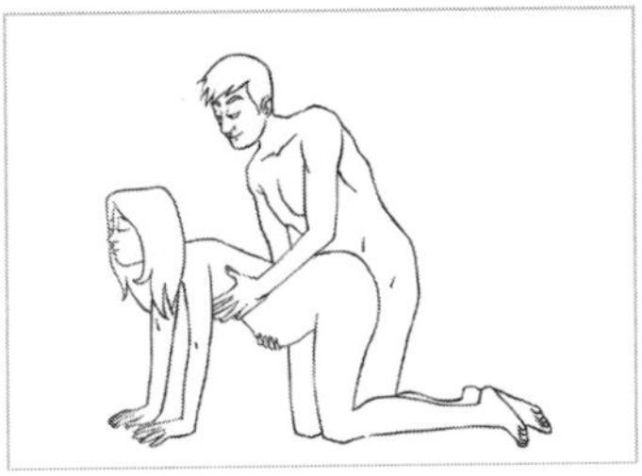

LA LEVRETTE SPÉCIALE GROSSESSE

VOIR P. 100

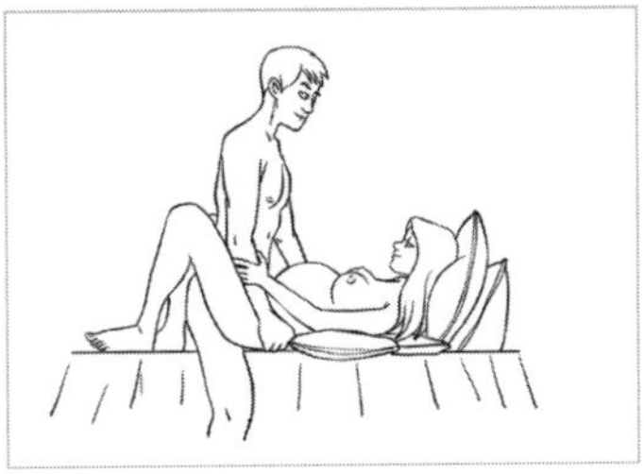

LA POSITION POUR DÉMARRER LE COÏT EN DOUCEUR

VOIR P. 120

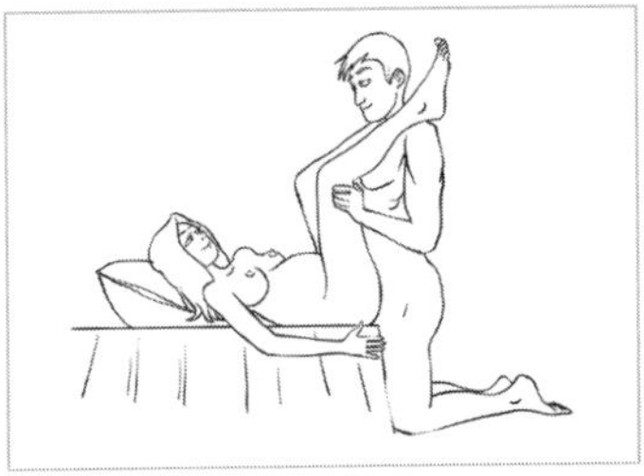

POUR FAIRE L'AMOUR SANS PESER SUR LE VENTRE DE LA MAMAN

VOIR P. 121

## BELLY BALLON BÉBÉ : GYM PRÉNATALE

LE BERCEMENT

VOIR P. 124

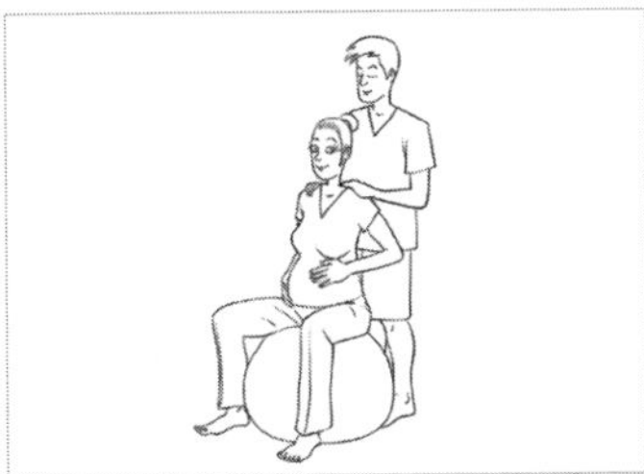

LE MASSAGE-COUPLE SUR LE BALLON

VOIR P. 125

# POUR LE 3e TRIMESTRE DE LA GROSSESSE

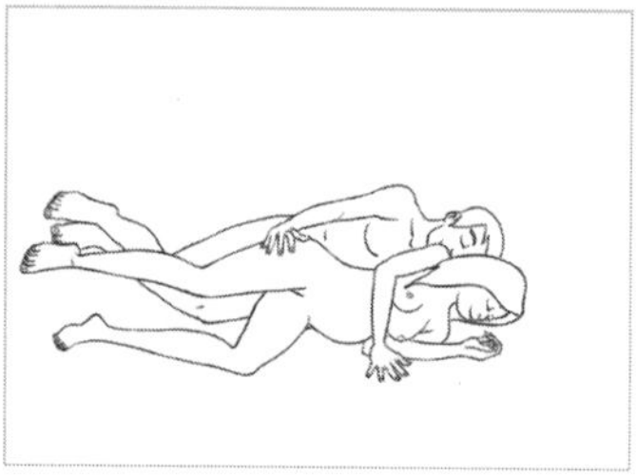

LES PETITES CUILLÈRES

VOIR P. 159

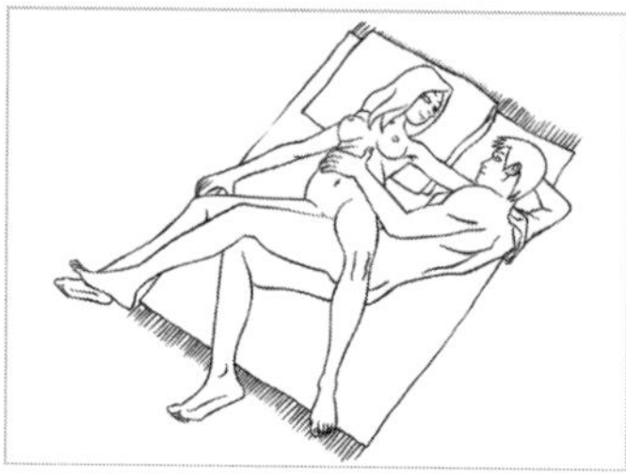

LA POSITION PERPENDICULAIRE

VOIR P. 160

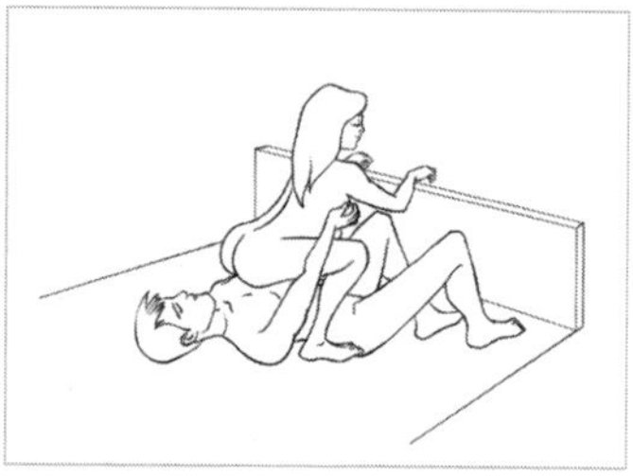

LE CUNNILINGUS SANS SE FATIGUER

VOIR P. 161

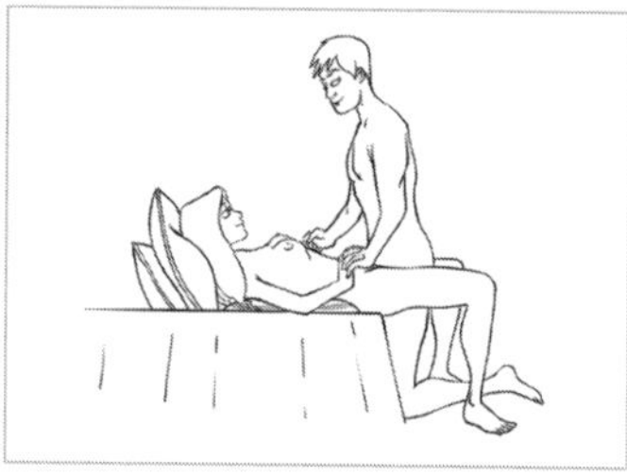

LE MISSIONNAIRE REVISITÉ POUR LA GROSSESSE

VOIR P. 162

# BÉBÉ EST LÀ

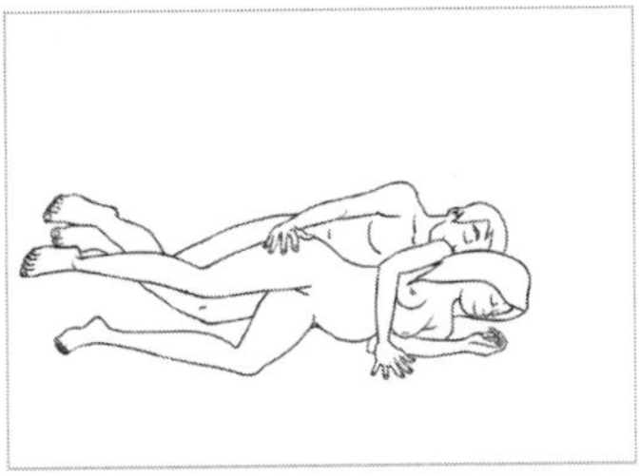

LES PETITES CUILLÈRES

VOIR P. 200

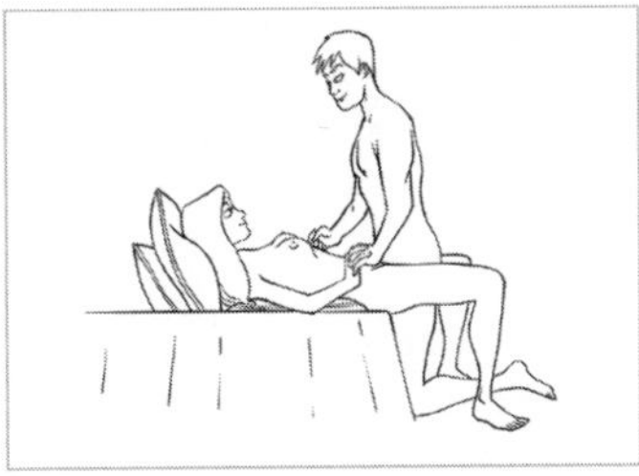

LA POSITION SEMI-INCLINÉE

VOIR P. 201

LA POSITION DU TAILLEUR

VOIR P. 202

# TABLE DES MATIÈRES

Du même auteur, aux éditions Leduc.s

## 100 réflexes jeune maman

Pour découvrir la maman UNIQUE qui est en vous !
Quand Bébé arrive, la vie d'une jeune maman est totalement chamboulée. Il faut trouver vos repères avec Bébé, bien organiser le quotidien, recommencer à travailler et surtout ne pas laisser de côté le papa… Et pas question d'oublier votre vie de femme !
Une maman sexy et qui assure ? C'est possible !

Grâce à ce livre, vous allez tout gérer comme une vraie pro ! Vous découvrirez 100 réflexes indispensables, à lire selon votre humeur et vos besoins du moment.

15 x 21cm
256 pages
12,90 euros
ISBN : 978-2-84899-382-9

DÉCOUVREZ AUSSI, AUX ÉDITIONS LEDUC.S

## Le service après-vente des Super Mamans

Nicole Korchia et Virginie Cohen-Scali

Des réponses simples et concrètes pour gérer le quotidien sereinement et ne jamais se sentir démunie !
À chaque problème, médecins, pédiatres, psychologues, diététiciens… apportent des conseils clairs (et déculpabilisants !) qui sont ensuite testés et approuvés par les Super Mamans !

15 x 21cm
240 pages
14,90 euros
ISBN : 978-2-84899-399-7

Achevé d'imprimer en août 2010
sur les presses de la Nouvelle Imprimerie Laballery
58500 Clamecy
Dépôt légal : août 2010
N° d'impression : 008094

*Imprimé en France*

La Nouvelle Imprimerie Laballery est titulaire de la marque Imprim'Vert®